U0461684

博雅弘毅　文明以止　成人成才　四通六识

珞 珈 博 雅 文 库
通 识 教 材 系 列

水利现代化

洪林　李小平　编著

武汉大学出版社

图书在版编目(CIP)数据

水利现代化/洪林,李小平编著. —武汉:武汉大学出版社,2024.12
珞珈博雅文库. 通识教材系列
ISBN 978-7-307-23807-7

Ⅰ.水… Ⅱ.①洪… ②李… Ⅲ. 水利建设—现代化—中国—教材
Ⅳ.F426.9

中国国家版本馆 CIP 数据核字(2023)第 110389 号

责任编辑:杨晓露   责任校对:汪欣怡   版式设计:韩闻锦

出版发行:**武汉大学出版社**   (430072   武昌   珞珈山)
　　　　(电子邮箱:cbs22@ whu.edu.cn 网址:www.wdp.com.cn)
印刷:武汉中科兴业印务有限公司
开本:787×1092   1/16   印张:10.75   字数:216 千字   插页:1
版次:2024 年 12 月第 1 版   2024 年 12 月第 1 次印刷
ISBN 978-7-307-23807-7   定价:39. 00 元

版权所有,不得翻印;凡购买我社的图书,如有质量问题,请与当地图书销售部门联系调换。

《珞珈博雅文库》编委会

主任委员

周叶中

副主任委员

李建中　吴　丹　姜　昕

委员（以姓氏拼音为序）

陈学敏　冯惠敏　黄明东　江柏安

姜　昕　罗春明　李建中　李晓锋

彭　华　潘迎春　桑建平　苏德超

文建东　吴　丹　周叶中　左亚文

秘书

黄　舒

前　言

  水利作为人类社会赖以生存、国民经济和社会发展的前提和命脉，在人类历史上占有极其重要的地位。水利现代化作为国家现代化的重要组成部分，是经济和社会可持续发展的基础和保证，国家现代化离不开水利现代化的支撑和保障。在我国全面建设社会主义现代化国家的进程中，加快建设水利现代化，不仅是经济和社会可持续发展的迫切需要，也是解决人民日益增长的美好生活需要和生态不平衡不充分发展之间矛盾的必然要求。

  在由传统水利向现代水利转变的过程中，我们面临着结构转型、体制转轨和技术革新等一系列问题。如何顺应新时期经济和社会发展的潮流，把握好水利发展的方向，解决制约水资源可持续利用的瓶颈问题，已经成为水利工作者与所有关心水利事业发展的有识之士都在思考的一大课题。而水利现代化的建设，不仅需要全体水利工作者的奋斗和努力，更需要全社会的关心和支持。

  2022 年 10 月 16 日，习近平在中国共产党第二十次全国代表大会发表了题为："高举中国特色社会主义伟大旗帜 为全面建设社会主义现代化国家而团结奋斗——在中国共产党第二十次全国代表大会上的报告"，总结了十八大以来取得的辉煌成就，并提出了"从现在起，中国共产党的中心任务就是团结带领全国各族人民全面建成社会主义现代化强国、实现第二个百年奋斗目标，以中国式现代化全面推进中华民族伟大复兴"的新时代新征程中国共产党的使命任务，指出了中国式现代化的五大特征，并提出"分两步走"的总的战略安排和实现中国式现代化的主要目标任务、重大原则和工作思路。一方面，水利现代化是中国式现代化的重要组成部分，是一个国家繁荣昌盛的重要标志之一，要满足国家现代化进程中社会经济发展对水的各种需求；另一方面，实现水利现代化是国家安全、社会安定、经济发展、饮食安全、生态与环境安全的重要前提，对于实现国家现代化具有重要的支撑与保障作用。

为了更好地响应水利部关于加快推进新时代水利现代化的号召，在总结前人研究成果的基础上，武汉大学通识3.0"水利现代化"课程团队的洪林教授和李小平讲师主要负责本书的撰写，课题组学生熊继东、汪飞、吐尼亚孜·亚森、江洪珊、高琛、王睿博、李梓萌、曾子悦、陈浩、梅超等参与了本书的校对和整理工作，全书由洪林教授统稿。本书力求全面分析水利现代化建设的意义和作用，系统介绍水利现代化的内涵及评价指标体系、水利建设对经济和社会发展的推动作用、现代跨流域调水技术、水利信息化、数字水利、数字流域、"3S"技术以及北斗卫星导航技术等先进技术在水利现代化建设中的运用。旨在吸引全社会的力量，关注水利事业，支持水利现代化建设，为在21世纪中叶全面建成社会主义现代化国家贡献力量。

本书的内容，涉及水利及相关行业很多领导及专家学者的理论和技术研究成果。在此，对他们多年来付出的智慧与心血表示衷心感谢！武汉大学水利水电学院及本科生院的领导和老师们对本书的出版给予了很多支持和帮助，武汉大学通识选修3.0课程"水利现代化"和研究生课程"水利现代规划"的学生也提出了很多宝贵意见，在此一并表示诚挚的谢意。

由于水平有限，加上有些资料来源出处不一，书中的一些观点和数据分析难免偏颇。若有不妥和不当之处，敬请专家和广大读者赐教指正。

作　者

2023 年 10 月 11 日于武汉珞珈山

目 录

第1章 绪论 ··· 1

1.1 水利现代化的定义及其评价原则 ·· 1

1.1.1 水利现代化的定义 ·· 1

1.1.2 评价原则 ··· 1

1.2 水利现代化评价方法及评价指标体系 ··· 2

1.2.1 评价方法 ··· 2

1.2.2 评价指标体系 ··· 2

1.3 水利现代化评价模型及评价结果 ·· 9

1.3.1 评价模型及计算方法 ·· 9

1.3.2 评价结果 ··· 9

第2章 国内外水利现代化比较 ··· 11

2.1 我国水利工程建设与水利工程布局 ··· 11

2.1.1 我国水利工程建设 ·· 11

2.1.2 气候条件与水利工程布局 ·· 12

2.2 国内外水利现代化发展进程 ·· 13

2.2.1 我国水利现代化发展进程 ·· 13

2.2.2 发达国家水利现代化发展进程 ··· 17

2.3 国内外水利现代化水平比较 ·· 18

2.3.1 防洪减灾保障能力 ·· 18

2.3.2 抗旱减灾保障能力 ·· 19

2.3.3 供水普及保障能力 ·· 19

2.3.4 水环境及生态安全建设 ·· 20

2.3.5 科技进步与用水效率 ··· 21

2.3.6 能力建设与水管理水平 ·· 22

2.3.7 水法治建设和体制创新 ·· 23

2.3.8 水利发展机制 ··· 23
2.4 我国水利现代化建设 ··· 23
2.4.1 水利现代化建设的重要性 ·································· 23
2.4.2 水利现代化建设对国民经济的拉动及促进作用 ········ 24
2.4.3 水利现代化建设边际效益 ·································· 26
2.5 我国水利现代化建设存在的问题及解决措施 ················ 26
2.5.1 存在的问题 ··· 26
2.5.2 解决措施 ·· 27
2.6 我国水利现代化建设的主要任务 ······························ 27

第3章 水利与社会经济发展 ·· 28
3.1 国外水利建设与社会经济发展 ·································· 28
3.1.1 美国胡佛水坝的修建及其影响 ·························· 28
3.1.2 国外其他水利工程 ··· 30
3.2 我国古代农业生产与水利建设 ·································· 34
3.2.1 我国古代农业生产与水利建设 ·························· 34
3.2.2 我国古代各大流域农业生产与水利建设 ··············· 34
3.3 中华人民共和国成立后我国水利建设 ························ 40
3.3.1 水利现代化建设成就 ······································ 40
3.3.2 我国现代水利工程 ··· 42

第4章 国内外调水工程建设 ·· 48
4.1 国内调水工程建设 ··· 48
4.1.1 问题的提出 ··· 48
4.1.2 如何摆脱困境 ·· 56
4.1.3 修建南水北调工程的伟大意义 ·························· 57
4.1.4 国内其他调水工程 ··· 59
4.2 国外调水工程建设 ··· 62
4.2.1 美国加利福尼亚州调水工程 ····························· 62
4.2.2 国外其他调水工程 ··· 68

第5章 水利信息化建设 ··· 76
5.1 水利信息化的内涵及建设必要性 ······························ 76

5.1.1　内涵 ··· 76

5.1.2　建设必要性 ··· 77

5.2　国内外信息化形势与动态 ··· 78

5.3　水利信息化建设现状及存在的问题 ·· 79

5.3.1　建设现状 ·· 79

5.3.2　存在的问题 ··· 79

5.4　水利信息化建设动态 ··· 79

5.4.1　水利水电工程规划设计 ·· 79

5.4.2　水库调度管理 ·· 80

5.4.3　建立水资源管理网络体系 ··· 80

5.4.4　建立灌区水管理 GIS 数据库 ··· 83

5.4.5　建立农村水利综合管理决策支持系统 ··· 83

5.4.6　建立水资源与生态环境评价与管理信息系统 ·································· 84

5.4.7　建立区域水资源实时监控管理系统 ·· 86

5.4.8　防洪减灾保安体系建设 ·· 87

5.4.9　水环境监测及污染治理 ·· 88

5.5　水利信息化建设展望 ··· 88

第6章　数字水利 ·· 90

6.1　数字地球 ·· 90

6.1.1　数字地球的提出 ··· 90

6.1.2　数字地球的战略重要性 ·· 90

6.1.3　数字地球的定义 ··· 91

6.1.4　数字地球的关键技术 ··· 92

6.2　中国数字水利建设 ··· 93

6.2.1　形势和任务 ··· 93

6.2.2　数字水利建设动态 ·· 94

6.3　数字流域建设 ··· 96

6.3.1　数字流域建设的重要性 ·· 96

6.3.2　数字地球与数字流域 ··· 97

6.3.3　数字流域的组成及作用 ·· 97

6.3.4　虚拟现实技术在数字流域中的应用 ·· 97

6.3.5　数字流域系统框架 ·· 98

第 7 章　"3S"技术原理及其应用 ··· 100

　7.1　GIS ·· 100

　　7.1.1　GIS 的定义、框架及组成 ·· 100

　　7.1.2　GIS 的特点 ··· 101

　　7.1.3　GIS 的分类及空间数据类型 ·· 102

　　7.1.4　GIS 与其他系统的区别与联系 ·· 105

　　7.1.5　GIS 的基本功能 ·· 106

　　7.1.6　GIS 的研究内容及其构成 ·· 111

　　7.1.7　GIS 与相关学科及技术的关系 ·· 119

　　7.1.8　GIS 的应用前景 ·· 121

　　7.1.9　GIS 在水利现代化建设中的应用 ······································· 122

　7.2　RS ·· 123

　　7.2.1　航天遥感发展过程 ·· 123

　　7.2.2　遥感技术基础 ·· 127

　　7.2.3　遥感技术应用 ·· 129

　7.3　GPS ··· 132

　　7.3.1　GPS 的定义 ·· 132

　　7.3.2　GPS 的组成 ·· 133

　　7.3.3　GPS 的特点 ·· 135

　　7.3.4　GPS 的应用 ·· 135

　　7.3.5　GPS 基本定位原理 ·· 136

　　7.3.6　GPS 在水利现代化中的应用 ··· 137

第 8 章　北斗卫星导航系统 ·· 140

　8.1　北斗卫星导航系统简介 ··· 140

　　8.1.1　北斗卫星导航系统建设目标 ·· 140

　　8.1.2　北斗卫星导航系统"三步走"计划 ······································· 143

　8.2　北斗卫星导航系统建设动态 ··· 144

　　8.2.1　建设历程 ··· 144

　　8.2.2　北斗卫星导航检测认证体系建设 ·· 144

　8.3　北斗卫星导航系统基本功能 ··· 145

　　8.3.1　快速定位功能 ·· 145

　　8.3.2　短报文通信功能 ·· 145

8.3.3　精密授时功能 ……………………………………………………… 146

8.3.4　其他功能 …………………………………………………………… 146

8.4　北斗卫星导航系统应用 …………………………………………………… 146

8.4.1　地球参考框架的维持 ………………………………………………… 146

8.4.2　其他应用 ……………………………………………………………… 147

8.5　北斗卫星导航技术与智慧水利建设 ……………………………………… 147

8.5.1　智慧水利的定义 ……………………………………………………… 147

8.5.2　北斗卫星导航系统在智慧水利中的应用 …………………………… 148

8.5.3　智慧水利的建设与应用展望 ………………………………………… 149

第9章　水利现代化建设展望 …………………………………………………… 151

9.1　问题的提出 ………………………………………………………………… 151

9.2　水利现代化在国民经济社会发展中的战略地位和作用 ………………… 151

9.2.1　水利现代化的战略地位 ……………………………………………… 151

9.2.2　水利现代化在国民经济社会发展中的作用 ………………………… 152

9.3　水利现代化的发展方向 …………………………………………………… 153

参考文献 …………………………………………………………………………… 155

第1章　绪　　论

1.1　水利现代化的定义及其评价原则

1.1.1　水利现代化的定义

以可持续发展的思路、市场经济的规律和系统发展的理论为指导，用现代的理性思维和理念转变人类传统的治水思路，用先进的科学技术改造传统的水利工程，用现代水管理制度和先进技术改革水管理的动态过程；通过水资源的合理开发、高效利用、综合治理、优化配置、有效节约、积极保护和有效管理，以水利现代化建设支持与保障国家现代化目标的实现，以水资源的可持续利用保障经济社会的可持续发展[1]。

1.1.2　评价原则

（1）综合性。采取定性与定量相结合的方式综合考虑水利现代化的发展水平与程度，设置水利现代化评价指标体系。抽象性的指标可通过定性指标反映，易于量化的指标可通过定量指标反映。

（2）系统性。指标体系的设立既要反映水利现代化与国家现代化的相互关系，也要反映水利及水利现代化自身的特点，使其组成一个较完整的体系，全面地反映水利现代化的内涵、特征及其水平、目标及方向；反映水利对现代化经济社会建设及生态环境保护的度量关系，要注重社会效益、经济效益、生态环境效益三者的兼顾，体现富裕度、安全度、舒适度、文明度的结合。

（3）代表性。水利现代化评价指标要具有代表性和可比性，特别是定量指标要能够反映未来水利现代化发展的方向性与目标性，尽量剔除由于自然条件的差异以及人为因素的

1

差异导致定量指标计算结果的差异，便于进行国内外以及不同地区之间的比较。

（4）可操作性。水利现代化的指标确定要具有可操作性，特别是定量指标要简明、综合，具有科学性与可操作性，便于实际测算和制定发展目标。

（5）动态性。水利现代化评价指标要能够反映较为具体的奋斗目标，其指标的发展应该具有单调函数的特征，必须在一个较长的时期内保持其连续性，以有效反映现状及不同发展阶段的水利现代化进程。

（6）规范性。对定量指标的计算及其含义的解释应规范，资料来源也应规范。主要指标测算资料应从国家统计年鉴、水利统计年鉴、水资源公报等正式公布和颁发的资料中选取，部分资料可采用全国性规划的成果资料，以保证指标的可靠、真实以及口径的一致性。

1.2　水利现代化评价方法及评价指标体系

1.2.1　评价方法

为了对水利现代化的进程进行全面、客观的评价，必须解决如下四个问题：选择合适的评价方法；制定合理的评价体系；确定客观的评价指标；制定合理的评价标准。

在影响水利现代化建设的诸多因素和反映水利现代化特征的指标中，有一些因素或指标易于量化，可进行定量评价与对比；而有一些因素或指标难以量化，但其在一定程度上反映了水利现代化程度，且易于为人们所接受，应定性评价。

因此，水利现代化的评价体系和方法应包括定性评价、定量评价与综合评价[1]。

1.2.2　评价指标体系

水利现代化建设涉及自然、社会、经济、生态环境等相关的领域，是一个庞大的系统工程。因此，必须处理好生存与发展、除害与兴利、开发与保护、人工与自然、流域与区域、城市与农村之间的关系，坚持走可持续发展道路。在确保支持国民经济快速增长和不断提高人民生活水平的同时，推动水资源高效安全利用、生态环境良好、经济繁荣、和谐文明的现代化国家建设，保障社会经济可持续发展。

水利现代化是一个不断发展的动态历史过程，水利现代化的建设是传统水利向现代水利的转变和变革的过程。此外，经济社会的发展和科学技术的进步，不断对水利提出更高的要求，水利本身也需要不断进行技术和制度创新和变革。因此，不同的历史时期，不同的经济发展水平，不同的发展阶段，水利现代化的进程及其相应的评价指标体系也有所不同，必须以动态的观点进行水利现代化评价[1]。

水利现代化评价思路和框架详见图 1.1。

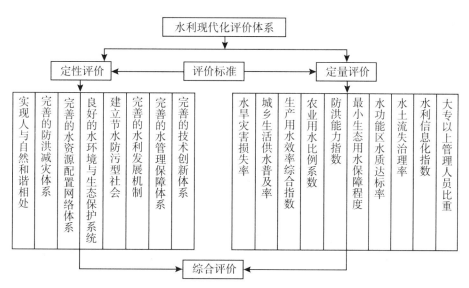

图 1.1　水利现代化评价思路和框架[1]

1. 定性评价指标体系

鉴于反映水利现代化进程的有些指标能够量化，这些指标可以定量评价；有些指标难以量化，这些指标只能定性评价。为了全面、综合地反映不同经济社会发展条件和不同类型地区的水利现代化所达到的形象和程度，从定性评价的角度出发将水利现代化分为以下八个方面[1]。

1）实现人与自然和谐相处

通过合理开发水资源、高效利用水资源、合理配置水资源等，基本满足人类生存、社会经济发展和生态环境保护对水的需求。

通过规范和调节人类水事行为，彻底制止对生态环境和水资源的破坏和掠夺性开发行为，实现人与自然和谐相处；水利对经济社会发展以及生态环境保护的支持与保障达到较高的水平，社会经济的发展以及生态环境的安全基本得到保障，社会经济抗御水旱灾害风险的能力达到较高的水平，基本达到洪（涝）旱无忧，人居环境得到较大程度的改善，环境良好，基本实现水资源与社会经济协调发展。

2）完善的防洪减灾体系

防洪减灾体系完善、运用自如、安全程度高，从整体安全的角度对洪水进行优化调度，把灾害损失降低到最低程度。

防洪能力要与社会经济发展水平以及洪水特点相适应。基本保障经济发展和社会安全对防洪的要求，基本保障人民生命和财产的防洪安全，为经济社会的安全运行和稳定发展提供支撑和保障。基本保障大江、大河、大湖和沿海主要防洪保护区及城市的防洪安全，城市发展的防洪安全得到保障，提高中小河流的防洪标准和抗御洪涝灾害的能力。

3）完善的水资源配置网络体系

在全国范围内形成系统调配自如、运行高效的水资源配置和供水的网络体系，对天然水系统的调控能力达到较高的水平，实现不同地区、不同用水户、天然与人工水系统间的合理调配。

统筹考虑国民经济各部门和社会发展以及生态环境建设对水资源供给的保障需求，建立重要江河初始水权分配机制，制定水资源科学合理的分配方案，科学预测未来经济发展及由此而可能产生的水问题，并采取预防和控制措施。优先满足城乡人民生活用水要求，为城乡居民提供安全、清洁饮用水；基本满足国民经济建设用水，为日益增长的经济建设，特别是城市和工业提供稳定、可靠的供水；努力满足生态环境用水要求，改善生态环境；保障经济快速、持续、健康、可持续发展，保障经济社会和生态环境供水安全。

4）良好的水环境与生态保护系统

建立维护生态环境安全的水利保障体系，能够按照可持续发展和生态环境保护的要求，对水系统进行合理的调配，基本保障生态环境用水，把人类活动对生态环境的影响降低到最低程度；水污染状况得到全面改善，水资源质量状况基本满足水功能区的要求；有效控制水土流失和水污染，不断改善自然生态和美化生活环境，努力建设人与自然和谐共处的优美人居环境。

5）建立节水防污型社会

通过工程措施与非工程措施，广泛采用节约用水的技术、设备、工艺和标准，极大地提高水资源的利用效率，农业、工业、城市用水效率达到同类地区和国家的先进水平，对水资源的总体消耗降低到最低水平。工业废污水排放全面达到规定的标准，城市废污水治理程度与经济社会发展水平相适应。坚持节流与开源并举，节流治污优先的原则，逐步建立节水防污型社会。综合利用工程、经济、技术、法律、行政等各种措施，统筹考虑水资源的开发、利用、治理、配置、节约和保护，实现水资源可持续利用。

6）完善的水利发展机制

突破束缚水利发展的体制性和机制性障碍，建立适应市场经济的较为完善的水利发展机制。包括：建立稳定的政府投入机制与渠道，形成多元化、多渠道、多层次的水利投资体系；建立规范的水价形成机制，综合运用经济杠杆，基本适应社会主义市场经济体制，能够发挥对水资源配置的基础性作用，水利建设与管理能够基本实现良性发展。

7）完善的水管理保障体系

包括：建立完善的水法规政策体系和执法体系，用法规规范人类水事行为；建立适应现代化发展的水管理体制和机制，建立起流域与区域相结合，开发与保护、水量与水质、城市与乡村、地表与地下水、取水与用水、供水与排水统一的水资源管理制度，加强水资源的宏观调控，实现水务一体化管理；建立现代水权及其流转制度；工程管理制度健全，基本达到信息通畅、设备完好、管理高效、运行安全、运营机制完善。

8）完善的技术创新体系

水利设施、设备、技术水平等均达到国际现代化水平，运行安全高效，基本实现自动化、信息化。

具有较强的技术创新能力，能够不断地提高水利技术水平，始终代表国内外技术先进水平，技术贡献达到较高的程度。建成覆盖全国的包括防汛抗旱、水资源管理、水土保持等水利现代化信息网络系统。水利基础设施和技术与装备基本实现现代化，达到或超过国际同类先进水平，水利设施完善配套、装备精良、质量与标准较高、实施科教兴水战略，提高水利人才的科学素质和创新能力。

2. 定量评价指标体系

1）水旱灾害损失率

水旱灾害损失率指一定时期内干旱与洪涝灾害造成的直接经济损失量占同期国内生产总值(Gross Domestic Product，GDP)的比重，一般以多年平均值表示。

它综合反映了防洪和抗旱两方面工程措施和非工程措施的建设情况以及达到的效果。根据发达国家的经验，随着防洪抗旱安全保障程度的提高，水旱灾害损失占 GDP 的比重逐步减少，为单调递减函数。因此，可用该项指标来定量评价水利现代化建设对抗御洪涝和干旱灾害的贡献度及其与国民经济的关系。

2）城乡生活供水普及率

城乡生活供水普及率指城乡居民享受达到水质要求的自来水供应的人口数量与城乡总人口的比例。

生活质量的提高是国家现代化的一个重要特征，其中是否能够饮用清洁安全的饮用水，是生活质量的重要标志，它涉及一个国家的供水安全保障程度、水环境质量状况、社会经济发展水平等诸多方面；由于受地理环境和经济发展水平的限制，我国还有部分人口不能用上清洁安全的饮用水，生活供水的安全保障任务还很艰巨。随着社会经济的发展，生活供水的安全保障程度将越来越高。根据发达国家的现代化进程，随着供水安全保障程度的提高，城乡生活供水普及率也要不断提高。

3）生产用水效率综合指数

生产用水效率综合指数指国民经济各行业用水水平相对于设定的高效用水水平的达标程度，以设定节水水平条件下的综合万元 GDP 用水量（参照国外发达国家的用水水平确定）与现状条件下生产用水的综合万元 GDP 用水量的比值来表示，是反映用水效率及其与经济产出之间关系的一项综合指标。

根据发达国家的发展经验，随着国民经济的发展，用水量逐步增大，水资源逐步变成一种稀缺性资源，国民经济的各个行业开始重视节约用水，用水效率逐步提高。我国近20年的发展历程也表明单位经济产出所消耗的水量，随着节水力度的加大和用水效率的不断提高而降低。因此，该指标可用来评价水利现代化的进程。

4）农业用水比例系数

农业用水比例系数指农业生产用水量占总用水量的比例。由于农业用水在绝大多数地区是供水效益较低的行业，因此该指标是反映一个国家或地区农业及其用水状况在总的经济社会和用水活动中所占份额的一项综合性指标。

该指标可用来反映用水结构，即农业与工业、生活和生态环境用水的结构与比例，也可反映其工业化和城市化的程度。从发达国家的发展进程来看，农业用水比重逐步下降，工业和城市生活与生态环境用水比重具有逐步上升的趋势，最终用水总量趋于稳定，用水量弹性系数趋于零。而我国目前农业用水比重较大，农业用水效率较低，未来能否在农业不断发展的情况下，通过节约用水，确保农业用水量稳定或趋于下降，是水资源供需达到平衡或水资源可持续利用的关键。

5）防洪能力指数

防洪能力指数指防洪减灾体系对防洪保护对象的综合保护能力，既包括工程措施的作用，也包括非工程措施的防洪作用。以高标准防洪保护区（防洪标准大于或等于 50 年一遇的防洪保护区）的面积占防洪保护区总面积的比例来表示。

国外发达国家如美国和日本，随着社会发展水平的提高，防洪标准逐步提高，堤防质量较好。我国江河现状防洪标准普遍较低，已有堤防的堤身质量或基础较差，有些大江大河还没有控制性水库或控制性水库的防洪能力不够，遭受常见洪水还可基本防御，对较大洪水或超标准洪水的防御能力较差，急需按照防洪规划的要求逐步提高防洪保护区的防洪标准，以与国民经济的发展水平相适应。根据我国的国情，为确保国民经济的快速发展和社会的稳定，应根据《防洪标准》（GB 50201—2014）[2] 的要求，逐步提高防洪保护区的防洪标准，因此，该指标可用来评价水利现代化的进程。

6）最小生态环境用水保障程度

最小生态环境用水保障程度指生态环境的实际用水量（包括河道内和河道外生态环境用水以及由于地下水超采而导致的地下水亏缺水量）占最小生态环境需水量（河道内和河道外）的比例。

根据发达国家的发展经验，生态环境的质量状况成为评价生活质量和社会进步的一个重要标准。而要维持良好的生态环境质量，就必须重视和保障生态环境用水。但目前我国水资源的不合理开发利用现象较为严重，有些河流下游的生态环境用水得不到保障，导致生态环境破坏严重。因此，急需转变治水思路，重视生态环境的用水，提高生态环境的质量。因此，该指标亦可用来评价水利现代化的进程。

7）水功能区水质达标率

水功能区水质达标率指地表和地下水域的水质状况满足设定功能要求水质目标的程度，反映对水污染控制与治理以及对地表和地下水资源保护的程度。

发达国家在工业化发展初期和中期，由于废污水排放量较大，而相应的管理措施没跟上，导致水环境污染现象严重；而在工业化发展中后期（发达国家在此期间基本上实现了第一次水处理现代化），由于重视水环境的保护和治理，水环境得到较大改善。发达国家这种环境质量与经济增长之间的倒 U 形曲线关系，被称为"环境库兹涅茨曲线"。我国目前正处于工业化发展中后期，水环境污染破坏现象较为严重，而改善这种状况成为实现水资源可持续利用的重要措施之一。因此，该指标也可用来评价水利现代化的进程。

8）水土流失治理率

水土流失治理率指现状水土流失综合治理面积占适宜治理的水土流失面积比例，是用来衡量水土保持状况的环境性指标。

水土流失治理率反映对水土流失和人类活动造成的水土流失问题的治理与控制程度。水土流失问题已成为中国的头号生态环境问题，它给国民经济建设带来很大的障碍，如冲毁农田和重要基础设施、淤塞河道和水库，降低河道和水库的防洪能力等，因此必须加强水土流失治理工作，提高国土质量。

9）水利信息化指数

水利信息化指数指水利信息化水平达到规划或设定的水利信息化水平的程度。

水利信息化是指充分利用现代信息技术，深入开发和广泛利用水利信息资源。包括：水利信息的采集、传输、存储、处理和服务，全面提升水利工作的效率和效能的历史过程。水利信息化作为水利现代化的重要内容，是实现水资源科学管理、高效利用和有效保护的基础和前提。水利信息化建设的基本任务是：建设水利信息基础设施，营造水利信息化保障环境，建立和完善水利信息化综合体系。主要包括水利信息基础设施建设、业务应用建设和保障环境建设。发达国家在国民经济发展过程中，水利信息的自动化、计算机化、网络化和信息化程度逐步提高，极大地提高了水利科学决策能力、水利建设和管理能力。随着国民经济的发展，水利信息化程度将不断提高。因此，该指标可用来评价水利现代化的进程。

10）大专以上管理人员比重

大专以上管理人员比重指大专以上文化程度人员占水利职工总人数的比例，是反映一个国家或地区水利事业人员素质和能力以及管理水平的指标。

发达国家的发展经验证明，人的素质和创新能力在国民经济的发展过程中具有非常重要的作用，而人的素质总的来看，可以用人们所受到的教育程度来表征。发达国家随着经济发展和社会进步，人们受教育程度逐步提高。我国目前正在推行的科技创新行动也是为了不断提高国民的素质，以适应中国式现代化建设的需要。随着社会的进步，人们受教育程度将不断提高，水利行业大专以上管理人员比重也将不断提高。因此，该指标可用来评价水利现代化的进程。

1.3 水利现代化评价模型及评价结果

1.3.1 评价模型及计算方法

1. 等权评价模型

$$\text{SMD} = \sum \frac{\text{MD}_i}{n} \qquad (1.1)$$

对于正向指标：

$$\text{MD}_i = 100 \times I_{实际值} \div I_{标准值}, \ i = 1, \ 2, \ \cdots, \ n \qquad (1.2)$$

对于逆向指标：

$$\text{MD}_i = 100 \times I_{标准值} \div I_{实际值}, \ i = 1, \ 2, \ \cdots, \ n \qquad (1.3)$$

式中：$I_{实际值}$ 和 $I_{标准值}$ 分别为我国及发达国家第 i 项评价指标测算值；MD_i 为第 i 项评价指标的实现程度，%；SMD 为水利现代化的综合实现程度；n 为指标总个数。

2. 计算方法

对于正向指标，以（$I_{实际值} \div I_{标准值}$）作为该指标的实现程度；对于逆向指标，以（$I_{标准值} \div I_{实际值}$）作为该指标的实现程度。综合实现程度为各单项评价指标实现程度之和除以指标总个数。

1.3.2 评价结果

根据国民经济、水利、农业等相关统计资料，对水利现代化一级评价指标的现状值和参照值进行了测算。根据所测定的各项评价指标的现状值和参照值之间的差别程度，以及《向现代化迈进的中国水利：全国水利发展第十个五年计划和 2010 年规划汇编》[3] 和 2020 年全面建成小康社会的奋斗目标，考虑 2020 年以前水利应加快发展，以适应国民经济发展的要求，为全面建成小康社会的奋斗目标提供保障，2020 年以后水利发展应继续巩固和提高，对 2010 年、2020 年的分期指标值进行了测算[1]。

中国水利现代化定量评价计算结果见表 1.1。

9

表 1.1　　　　　　　　　　中国水利现代化定量评价指标及其参照值[1]

一级指标	现状值	2010 年	2020 年	参照值	国际对比 (20 世纪 90 年代发达国家水平)
水旱灾害损失率	3.3%	2.50%	2.00%	1%以下	<0.5%(美国、日本)
城乡生活供水普及率	56%	65%	75%	90%以上	100%(美国,1975 年至今)
生产用水效率综合指数	16%	35%	60%	90%以上	发达国家万元 GDP 用水量一般在 50m^{3}以下,我国 2000 年为 610m^3,参照值为 100m^3
农业用水比例系数	68.8%	65%	60%	55%以下	美国、日本分别为 42%、50%
防洪能力指数	21%	40%	60%	70%以上	80%以上(日本、荷兰)
最小生态用水保障程度	50%	65%	75%	90%以上	90%以上(美国)
水功能水质达标率	52.80%	65%	75%	90%以上	90%(美国,1990 年)
水土流失治理率	27.7%	35%	50%	90%以上	100%(日本,1999 年)
水利信息化指数	30%	60%	80%	95%以上	95%以上(日本、美国)
大专以上管理人员比重	30%	60%	80%	95%以上	98%以上(日本、美国)
综合实现程度	45%	52%	61.7%	100%	

由表 1.1 可知:

(1)到 20 世纪末,根据我国水利现状水平评价指标测算,我国水利现代化综合实现程度为 45%。

(2)同期,经济发达国家水利现代化的综合实现程度测算为 170%以上(根据同期发达国家的先进水平,主要是美国和日本各项指标的实际值,以及专项研究所确定的各项指标的参照值,按照上述评价方法计算求得)[1]。

由此可知:我国水利现代化水平与发达国家相比差距很大,严重影响国民经济和社会发展,必须加快进行水利现代化建设;如何尽快赶上国外发达国家的水平,不仅是水利工作者和相关领域学者应研究和解决的主要课题,也需要全社会力量的关注和支持,必须引起全社会的重视。

第2章　国内外水利现代化比较

2.1　我国水利工程建设与水利工程布局

2.1.1　我国水利工程建设

我国山地面积多、大小山脉纵横全国的地形特点，使得我国历史上不少水利工程，尤其是一些大型的水利工程，常常受到山脉布局的影响。我国历代劳动人民在改造山地的斗争中创造了劈山引水的水利施工方法。

大禹凿龙门的历史传说，寄寓着我国劳动人民在生产力还相当原始的情况下，敢于藐视人间困难的英勇斗争精神。

在西汉时期，为了打通秦岭以南的汉水与秦岭以北的渭水之间的运道，就曾经进行过异常艰苦的开凿隧道的尝试。这些例子足以说明，我国各族人民很早以来，就用自己的智慧和劳动描绘出一幅又一幅战胜高山阻隔，改造大自然的美丽画卷。

我们的祖国大地，既有许多崇山峻岭，又有许多源远流长的河流。根据我国地理工作者统计[4]，流域面积在 $100km^2$ 以上的河流就有 5000 多条，全国大小河川总长度超过 42 万 km，可绕地球赤道十圈半。我国不少著名的河流如长江、黄河、黑龙江、珠江、辽河、海河、淮河、怒江、钱塘江、雅鲁藏布江等，水量丰盛，水利资源十分丰富，为水利发展提供了十分有利的自然条件。

我国历史上有关水利事业的记述和专著，大多命名为《河渠书》或《沟洫志》，是有道理的。我国较早的有关水利方面的著作，如《管子·度地》《尚书·禹贡》《水经》及《水经注》等，都曾不同程度地记录和描述了我国河川的情况和特性。

其中，《水经注》一书，尤为具有代表性。《水经注》是公元 6 世纪北魏时期郦道元所著，是我国古代较完整的一部以记载河道水系为主的综合性地理著作，共 40 卷。记录了我国主要河流的流经路线和有关情况，它是一部极为珍贵的古代地理名著。

从一系列的史籍中，我们可以十分清楚地看到，中华民族自古以来，一直非常重视对河流情况的研究工作。这也是我国古代许多著名水利工程之所以卓有成效的重要原因之一。

在我国辽阔的土地上，除了源远流长的大小江河之外，还有分布在全国各地区的 2000 多个大小天然湖泊，其中以长江中下游平原和青藏高原的湖泊最多。在这些众多的湖泊中，有的是淡水湖，有的是咸水湖。东南地区主要是淡水湖，咸水湖多位于青海、西藏及新疆地区。淡水湖以鄱阳湖、洞庭湖、洪泽湖、太湖和巢湖最著名，称为我国五大淡水湖。

在我国复杂多样的地形、地貌中，还有广阔的丘陵和盆地。我国历代劳动人民利用丘陵地区地理特点，兴修了不少富于创造性的水利工程，生动地反映了劳动人民的智慧和高超技巧。

例如浙东一带利用沿江海的丘陵"山—原—海"的台阶地形特点兴修水利，其中最有名的是鉴湖，它从汉代起，通过建造湖堤和斗门，闸、堰、涵管等一系列工程，把这里众多的小湖泊联系起来，用以蓄水，既可排涝又可御咸蓄淡，进行灌溉，使鉴湖附近近万顷土地减少灾害，增加收入，受益 800 多年。

又如元代兴建的会通河，长 300 余里，流经山东的丘陵地带。主要根据以往创造的经验，通过建造数十座闸、堰等渠系建筑物使船只逐级顺利航行，这种由低处向高处过船的技术，对发展航运具有很重要的意义。

我国大陆东面和南面与渤海、东海、黄海、南海等相接，具有长 11000 多千米的海岸线。生活在东南沿海的我国历代劳动人民，在与海潮侵袭作斗争的过程中建设了规模壮观的海塘工程，保护沿海地区的生产发展，为我国水利发展史写下重要的篇章。早在东晋南北朝时，我国江浙沿海地区海岸边就已出现海塘工程。唐代以后，出现了石塘，使海塘工程技术提高到一个新阶段。明清间，海塘工程又不断进步，技术日趋完善，成为我国古代水利技术的一项重要内容。

水利事业，在一定意义上来说，就是兴利除害，使水利资源按照人们的意志为工农业生产服务，造福于人民。

2.1.2　气候条件与水利工程布局

我国气候受季风的影响明显。就全国范围来看，广东的雷州半岛以南，台湾和云南南部，终年都长夏无冬，树木常青，一派热带风光；东北的黑龙江则全年无夏，入冬以后，千里冰封，万里雪飘；江淮流域中下游气候温暖湿润，四季分明；西北一带的大陆性气候地区，寒暑变化很大；西南的云贵高原，则夏无酷暑，冬无严寒，有的地方是"四季如春";青藏高原西部则是终年积雪。

气候对于水利最直接的影响是雨量的分布。我国各地每年平均降雨量分布随着与海洋距离的加大而逐渐减少,大致从东南沿海向西北内陆,由 1500mm 以上逐渐减少到 50mm 以下。

从内蒙古的大兴安岭起,经河北的张家口、陕西的榆林、甘肃的兰州、青海的玉树至西藏的拉萨附近的 400mm 等雨线,把我国划分为两大部分:东南为湿润和半湿润区,西北为干旱和半干旱区。

东南半壁以秦岭、淮河的 800mm 等雨线为界分成湿润区和半湿润区。西北半壁则以 200mm 等雨线作为干旱与半干旱区的分界线。

从历史上各代水利工程分布可以看出:

干旱区和半干旱区的水利主要是保水、蓄水、引水、提水的灌溉工程。如关中、河套平原的灌溉渠系,都是以直接引河水解决大面积干旱土地的灌溉问题而著称的。新疆的坎儿井,则是干旱地区利用地下水源解决土地灌溉问题的例子。

半湿润和湿润地区的灌溉条件要优越得多,这些地区的水利工程,除了灌溉、航运以外,还必须注意解决由于水量过多可能带来的危害。所以,这些地区的治河、防洪、排涝工程在与自然斗争中不断得到发展。

水利是人们改造自然的一项重要斗争手段,众多水利工程的出现,改造着地理环境,使其更有利于人类的生存和发展。

2.2 国内外水利现代化发展进程

2.2.1 我国水利现代化发展进程

中国水利的起源晚于古巴比伦、古埃及等文明古国,比起奴隶制高度发达的古希腊也略晚一点。但是,中国却较早地完成了向封建社会的过渡,生产关系的变革有力地推进了水利工程的建设。从春秋战国开始,大规模的水利工程建设,秦汉时期治理黄河和兴建跨流域运河的工程,都显示出中国水利科学技术在世界的领先地位,这种领先的势头一直持续到 15 世纪。

从古至今,我国水利建设经历了以下 5 个阶段:以防洪建设为主的阶段;以供水建设为主的阶段;以水资源保护为主的阶段;以景观建设为主的阶段;以生态修复为主的阶段。

1. 以防洪建设为主的阶段

人类社会的发展首先要确保自己的安全,特别是人类开始在水域周边定居之后就必须进行防洪建设。

1) 古代黄河治理

(1) 约公元前 22 世纪，大禹治水。传说大禹治水时，滔滔黄河流经潼关时被中条山和华山挡住去路，大禹开山导滞，让黄河穿山而过。从此，人们便用中条山的"中"字和华山的"华"字组合起来，命名黄河流过的地方为"中华"。

(2) 中华人民共和国成立前黄河治理。西汉汉武帝元光三年(公元前 132 年)，黄河在今河南濮阳附近决口，经巨野泽东南流入淮泗，泛滥 16 郡。元封二年(公元前 109 年)，武帝征发数万人修筑瓠子堤，并亲自前往黄河工地视察，命令随行将军、大臣负草堵河，自己作歌鼓动。决口堵塞后，河水复归故道北行，此后 80 年间未再发生大的水灾。西汉后期，水利长期失修，平帝时黄河又决口，河水大量灌入汴渠，泛滥数十县。东汉末年，国家无力修治。到了明帝时，令王景和王吴负责治理。隋炀帝兴修大运河，实现了黄河和淮河互汇。清代康熙帝亲自研究水利学和测量学，为组织治理黄河和永定河，还曾六次南巡，到治河工地勘察。历史上出现多次黄河大决口、大改道，有记载的大决口、大改道主要有：

第一次：公元前 602 年，春秋时期，黄河决口于今滑县东北，河道向东迁移 80km，由今沧州入渤海。

第二次：公元 11 年，西汉末年，黄河决口于今河北临漳县西，河道向东迁移 40km，由今滨州、利津入渤海。

第三次：公元 1048 年，宋庆历 8 年，黄河决口于今濮阳东昌湖集，河道西迁 80km，河水分两股分流，北流由今天津入渤海。

第四次：公元 1166 年，金世宗大定 6 年，黄河决口于今原武，至徐州入泗水汇集淮河注入黄海。

第五次：公元 1494 年，黄河决口于今原阳西北，河水流路在开封，回清江口云梯关入黄海。

第六次：公元 1855 年，黄河决口于今兰考县，洪水淹没山东鲁西南梁山泊—东明湖一带，使那里变成大片泽野，最后，黄河由利津入渤海。

第七次：公元 1938 年，花园口和赵口决堤经西华、淮阳至安徽亳县，夺颍河到正阳镇入淮河，形成人为的黄河大改道。

2) 中华人民共和国成立后黄河治理

中华人民共和国成立后，在党和政府的领导下，黄河流域广大干部群众和水利部门工作人员艰苦奋斗，团结治水，取得了前所未有的巨大成就。据统计，中华人民共和国成立后至 1999 年的 50 年时间里，整治黄河大堤共完成 13.8 亿 m³ 土石方，相当于建造起 13 座万里长城。黄河下游基本形成"上拦下排，两岸分滞"的防洪工程体系，保证了新中国成立 70 多年黄河伏秋大汛岁岁安澜[5]。

3）其他地区防洪工程

20 世纪末至 21 世纪初，国家投入巨资 2000 多亿元，建设三峡工程。三峡水库防洪库容 221.5 亿 m³，为荆江地区防洪提供了有效的保障，对长江中下游地区也具有巨大的防洪作用。三峡工程建成投入使用后，长江中下游各地区防洪能力有较大提高，特别是荆江地区防洪形势发生了根本性改变。主要有：

（1）荆江地区。对荆江地区，遇百年一遇及以下洪水（如 1931 年、1935 年、1954 年洪水，其中 1954 年洪水在荆江地区不到百年一遇），通过水库调蓄，可使沙市水位不超过 45.00m，无须启用荆江分洪区；遇千年一遇或 1870 年洪水，可控制枝城流量不超过 80000m³/s，配合荆江地区的分洪区运用，可使沙市水位不超过 45.00m，从而确保了荆江的行洪安全；此外，根据研究，三峡工程建成后可减少分流入洞庭湖的水沙，减轻洞庭湖的淤积，延长洞庭湖的调蓄寿命。

（2）城陵矶附近地区。对城陵矶附近地区，一般年份基本上不分洪（各支流尾闾除外）；遇 1931 年、1935 年、1954 年大洪水，可减少本地区的分蓄洪量和土地淹没。三峡水库如按初步设计阶段拟定的对荆江补偿或对城陵矶补偿调度方式进行调度，遇 1954 年洪水城陵矶附近地区分洪量可由 320 亿 m³ 分别减少到 280 亿 m³ 和 218 亿 m³。

（3）武汉及以下地区。对武汉地区，由于长江上游洪水得到有效控制，从而可以避免荆江大堤溃决后洪水取捷径直趋武汉的威胁；三峡工程建成后，武汉以上控制洪水的能力除了原有的分蓄洪区容量外，增加了三峡水库的防洪库容 221.5 亿 m³，将大大提高武汉及以下地区防洪调度的灵活性，对长江中下游防洪起到积极的保障作用。

2. 以供水建设为主的阶段

人类社会防洪安全得到一定保障之后，经济就会发展。经济发展到一定程度之后，水的供需矛盾就日益突出，这时各种引水、配水等供水系统的建设成为水利建设的主要内容，经济越发展，对供水能力和保障率要求越高。

1）灌溉工程发展

公元前 6 世纪：楚国芍陂（今安徽寿县）修水库蓄水灌溉；
公元前 4 世纪：魏国西门豹修建引漳十二渠（今河北临漳）；

公元前 3 世纪：秦国李冰修建都江堰灌溉工程；

公元前 3 世纪：广西史禄修建灵渠；

公元前 246 年：秦朝郑国在陕西泾河中游修建郑国渠；

公元前 128 年：西汉时期在陕西洛水修建龙首渠；

1075—1083 年：由李宏主持修建的具有"拒咸蓄淡"功能的大型水利工程木兰陂；

1708—1726 年：在黄河西岸贺兰山东麓修大清渠、惠农渠和昌润渠，与唐徕渠和汉延渠一起，合称为河西五大渠；

1873—1902 年：河套十大干渠修成，河套灌区建成；

20 世纪 30 年代：陕西建成泾惠、渭惠、梅惠等大型自流灌区；

中华人民共和国成立后：20 世纪 50—70 年代，大规模的灌溉工程建设。

2) 城市供水工程的发展

由于水井的出现，人类的聚落才可以远离河流、湖泊。但水井水量有限，大的城邑仍分布在河流、湖泊沿岸，夏、商、周三代的城邑就是证明。

西安是周、秦、汉、隋、唐等朝代建都的地方，城市地面水供水系统十分完备，第一次成功地解决了中国都城的供水问题，是亘古以来的重大事件，开始了中国城市供水的新纪元。

秦咸阳供水比较困难，采用密集的井群，解决城市供水问题，已被考古发掘所证实。

南宋杭州主要靠西湖供水，但井泉也很多。

元明清北京城，尽管不断开渠引水，使城市供水从未间断，但遍布全城的水井也是城市供水的重要源泉。

中国著名都城的供水，都以争取地面水供水为主，以地下水供水为辅，开创了中国大城市供水的基本格局，对今天的城市供水仍有重要的现实意义。

近代以来，随着大工业的出现和深井技术的发展，全国绝大多数城市都开凿深井，大规模地开采地下水，作为解决城市供水的主要手段。

中国城市大规模开采地下水始于上海、天津的租界区，中华人民共和国成立后扩展到全国所有城市。由于有丰富的地下水资源，大规模开采地下水，确实对推动中国近现代城市的发展起了不可估量的作用。加之地下水质优越，易于开发，也为城市建设节省了大量资金。

中华人民共和国成立后，随着深井技术的发展，不仅可以开采地下浅层水，还可以开采地下深层承压水，使地下水供水的水源更为丰富。然而，无限制、过量开采地下水，引起的后果十分严重，包括地面不均衡下沉，危及建筑物安全稳定，造成海滨城市海水入侵等，已经到了非改变供水形式不可的地步。

现在许多缺水城市已经意识到，只有恢复地面水供水的老传统，才能从根本上解决城市供水问题。因为地下水要靠地面水来补给，断绝了这个基本源流，地下水供水就成为无源之水，总有一天要发生危机。现在北京、天津、上海、西安、青岛等城市已经恢复地面供水，取得了显著的成效。

3. 以水资源保护为主的阶段

伴随社会经济的发展，供水量越高，排污量也越来越多，水域的污染将造成重大社会问题，因而水资源保护、改善水域水质等水环境建设将成为水利建设的主要内容。

4. 以景观建设为主的阶段

在水质问题基本解决之后，随着人类生活水平的不断提高和旅游事业的发展，人们会对水域周边的景观提出较高的要求。因此，以水域空间管理、为人们提供良好的休闲娱乐空间为主要内容的水景观建设将首先在城市周边地区得到发展。

5. 以生态修复为主的阶段

人们重新审视自然水域在生态环境中的作用，要求恢复水系自然生态功能的呼声越来越高。水域不仅要清洁、美观，而且要求水域生机盎然——即回归自然、修复水域的生态系统。

1998 年洪灾发生，2000—2003 年暴发沙尘暴。连续数年的旱涝灾害，使人们更加重视经济可持续发展中的水土保持工作。紧接着实施了水土保持生态建设工程、"十百千"水土保持示范工程、"退耕还林还草"工程、天然保护林工程、京津风沙源治理工程、"三北"和长江中上游的防护林工程等。

新中国成立 70 多年来，我国的水土流失治理工作为生态环境建设作出了重大贡献。长江上游和黄河中上游等七大流域水土保持重点防治工作取得了不少成果。

目前，全国平均每年治理水土流失面积 5.4 万 km^2。据统计，每年生产建设项目造成水土流失面积约 1 万 km^2，现阶段年有效水土流失治理率平均约为 80%。随着生态文明建设、国家宏观经济发展趋势、科技进步，水土流失治理和监督管理工作将不断加强。预计至 2035 年，年有效水土流失治理率为 90%；至 2050 年，年有效水土流失治理率将达到 100%。

2.2.2 发达国家水利现代化发展进程

以欧洲文艺复兴为代表的资本主义的兴起，极大地推动了科学技术的进步。18 世纪产业革命以来，西方水利获得飞速发展，其水利科学技术开始领先于世界。

发达国家于 20 世纪 70 年代前后普遍实现了国家现代化，水利现代化是伴随着国家现代化的实现而逐步实现的。

发达国家在工业化进程中，不断根据经济社会发展过程中出现的水资源问题和环境污染问题，通过调整水利发展思路与战略重点，使水利发展满足经济社会发展的要求。

根据国外发达国家水利发展历程及其与经济社会发展之间的演变关系，其水利现代化的进程大致可划分为以下几个阶段：①以单目标开发为主的水利建设时期；②以多目标综合开发为主的大规模水利建设时期；③以水法规和现代水管理为中心的综合治理时期；④以人与水协调发展为主的可持续发展时期。其发展阶段大致与其经济社会发展水平以及当时的科学技术水平相当。

发达国家水利现代化特点如下：

一是治水思路的现代化；二是工程设施和装备的现代化；三是水利科学技术的现代化；四是水管理的现代化和信息化。

以美国为例：美国目前所建成的大多数大型跨流域调水工程集中分布在西部干旱地区，并且一些最重要的调水工程又集中在加利福尼亚州和科罗拉多河流域。美国著名的调水工程主要有纽约调水工程、洛杉矶水道工程、伊利诺伊调水工程、中央河谷工程、加利福尼亚水道工程、博尔德河谷工程、中亚利桑那工程、科罗拉多河-大汤普逊河调水工程、全美灌溉系统及中央犹他工程等。大型的跨流域调水工程在方案设计、技术研究、工程结构、资金支持和管理运行等方面都存在较大难度，同时对生态环境的影响会表现出明显的滞后性。因此，跨流域调水工程的建设需要从长远利益出发，并将社会、经济、生态等各方面因素结合起来进行统一规划与管理，最大限度地实现工程的社会、经济与生态效益。美国的跨流域调水工程则很好地体现了这一点，为世界上其他国家的大型跨流域调水工程建设提供了范例。

2.3　国内外水利现代化水平比较

2.3.1　防洪减灾保障能力

虽然不同国家的自然特点以及在防洪减灾上的方略不尽相同，但发达国家的共同特点是：其防洪能力较强，经济社会受洪涝灾害的影响相对较小，洪灾损失率较低。

而中国洪水灾害造成的直接经济损失呈现了明显上升的趋势，民政部有关数据显示，在 2000—2007 年，中国洪水灾害造成的直接经济损失平均达 1136.70 亿元，相当于这段时期 GDP 平均值的 1.24%。洪灾造成的直接经济损失超过 1000 亿元的年份有 2003 年、2005 年、2006 年、2007 年，其直接经济损失额度分别为 1300.51 亿元、1662.20 亿元、1332.60 亿元、1123.30 亿元。

通过对 GDP 年均增长速度及洪灾造成的经济损失年均增长速度分析发现，自 20 世纪 90 年代以来，国内生产总值（GDP）虽以平均每年 10.32% 的速度增长，但洪水灾害所造成的直接经济损失却以平均每年 38.41% 的速度增长，洪水灾害造成的经济损失占同期 GDP 比例以平均每年 1.67% 的速度增长。进一步分析发现，中国洪水灾害造成的直接经济损失占同期国内生产总值的比例一直高居于 1.04%~3.73%，美国是 0.06%，日本是 0.8% 左右，是美国、日本等发达国家该项指标的 10~35 倍。这充分说明了洪水灾害问题对中国经济发展的影响要比发达国家显著得多，已严重影响了中国的经济增长速度，对人类社会造成巨大的影响。

虽然采用了各种防洪工程及非工程手段对中国的洪灾损失急剧上升的趋势进行抑制，但由于导致洪水灾害损失增加的因素无法控制或短期内难以有效控制，洪水灾害所造成的经济损失将继续保持逐步扩大的趋势。

2.3.2 抗旱减灾保障能力

发达国家在水资源的开发利用和抗旱减灾的保障方面已达到了很高的水平，其对天然水资源特别是河川径流的调控能力普遍较高，因此其生活、生产、生态的供水保障程度较高。如美国已建水库的总库容约占年径流总量的 40%，水工程系统对天然径流的调控程度较高，供水保障程度也较高。

1950—2021 年，我国因干旱受灾面积 142312.254 万 hm^2，粮食损失 116219.0 万 t，饮水困难人口 68058.31 万人（1951—2021 年数据），年均值分别为 1976.559 万 hm^2、1614.15 万 t、2195.43 万人。

2.3.3 供水普及保障能力

发达国家的供水普及与保障能力均达到了较高的水平。如美国全国的年用水总量已基本得到保障，逐步稳定在 5500 亿 m^3 的水平，人均用水量在 $2000m^3$ 左右。

城市供水行业作为国民经济中最重要的基础设施行业之一，不仅是加快城市化进程整体规划体系的重要组成部分，也对协调生活、生产、生态三者之间动态关系以及维系经济社会可持续发展具有重要意义。

根据住建部数据，近年来我国城市供水普及率一直相对饱和，2020 年为 98.99%，2014—2020 年仅增长了 1.35%。

据水利部统计，2022 年年底全国农村自来水普及率达到 87%，农村规模化供水工程覆盖农村人口比例达到 56%。开工实施了 529 处大中型灌区建设和改造项目，完成了 124 座大中型水库、6082 座小型水库除险加固。

2.3.4　水环境及生态安全建设

德国、美国、日本等发达国家 1990 年以来，污水收集系统受益人口比重和污水处理厂受益人口比重两项指标的变化情况如下：2013 年德国的污水收集系统受益人口比重和污水处理厂受益人口比重分别为 96.16% 和 99.99%，污水收集系统受益人口比重自 1995 年以来超过 90%，污水处理厂受益人口比重自 2007 年以来已基本接近 100%；2015 年，日本的两项指标均为 77.8%；2012 年，美国的两项指标分别为 75.4% 和 75.5%，到 2013 年都达到 96%。从两项指标的增长幅度来看，日本增长幅度较大，1990 年到 2015 年两项指标均增长了 33.8%。

目前，我国城镇污水处理规模已基本达到饱和。截至 2021 年年底，城镇污水处理率超过 95%，规模增速下降，提升空间有限。结合国家近年《城镇生活污水处理设施补短板强弱项实施方案》《"十四五"全国城镇污水处理及再生利用设施建设规划》等多项政策可以看到，"十四五"期间扩大规模的脚步将放缓，不再鼓励各地追求过高的优良水体比例，而是把工作重点放在夯实基础、补齐短板、提高质效上，尤其强调了合理管控重点区域污水排放标准、提升污水管网收集效能、推进污水资源化利用及污泥无害化处置等方面工作，提质增效成为未来推动我国城镇污水处理可持续发展的重要抓手。在提质增效的要求下，污水处理行业正在改变过去"碎片化治水"的局面，舍弃零散的传统末端治理方式，正逐步向一体化、区域化、系统化的高质量综合治理进阶。

然而，长期以来，农村污水因总量大、规模小、点多分散、波动性强等特点，其治理工作发展相对缓慢。2022 年中央一号文件明确指出，要"分区分类推进农村生活污水治理""加快推进农村黑臭水体治理"等，意味着将农村污水治理工作提升到了一个新高度。加之当前城镇污水处理市场已趋于饱和，农村污水治理有望成为下一片市场蓝海。

2.3.5 科技进步与用水效率

水利部发展研究中心对选择了包括我国在内的 60 个国家的用水效率进行对比分析（见表 2.1），前期研究发现，用水效率与国家经济水平关系密切。为此，将上述 60 个国家按照人均国民总收入（GNI）进行了分组，分别为高收入、中高等收入和中低等收入国家[①]。结果表明，我国在 60 个国家中处于中等偏高水平。主要从如下三个方面进行对比分析：

1. 万元 GDP 用水量对比分析

2020 年，我国万元 GDP 用水量为 57.2m³，60 个国家平均值为 66.6m³。与 2019 年统计数据相比，中国万元 GDP 用水量下降了 5.6%，而 60 个国家平均值降低了 8.0%。

34 个高收入国家万元 GDP 用水量平均值为 26.3m³，14 个中高等收入国家平均值为 76.7m³，12 个中低等收入国家平均值则高达 424.3m³。我国 2020 年万元 GDP 用水量是 60 个国家平均值的 0.86 倍，是高收入国家的 2.17 倍，是中高等收入国家的 0.75 倍，是中低等收入国家的 0.13 倍。我国属于中高等收入国家，万元 GDP 用水量虽低于中高等收入国家平均水平，但还是远远高于高收入国家的平均值。

2. 万元工业增加值用水量对比分析

2020 年，我国万元工业增加值用水量为 32.9m³，60 个国家平均值为 44.6m³。与 2019 年统计数据相比，我国万元工业增加值用水量下降了 17.4%，60 个国家平均值降低了 2.2%。

34 个高收入国家万元工业增加值用水量平均值为 49.6m³，不含美国的 33 个高收入国家平均值为 30.9m³，14 个中高等收入国家平均值为 35.3m³，12 个中低等收入国家平均值高达 58.6m³。我国 2020 年万元工业增加值用水量低于 60 个国家平均水平（0.74 倍），远低于中低等收入国家平均水平（0.66 倍），但还是略高于不含美国的高收入国家平均水平（1.06 倍），与中高等收入国家平均水平基本相当（0.93 倍）。

---

① 水利部发展研究中心. 从国内外对比分析看我国用水效率水平，2022-10-09.

表 2.1   **60 个国家按经济水平分组**

分 组	人均国民总收入 （GNI）/美元	国 家	国家数量
高收入国家	>12535	美国、日本、德国、法国、英国、意大利、加拿大、韩国、澳大利亚、西班牙、荷兰、瑞士、波兰、瑞典、比利时、挪威、奥地利、爱尔兰、丹麦、新加坡、以色列、智利、芬兰、捷克、葡萄牙、希腊、罗马尼亚、新西兰、匈牙利、斯洛伐克、卢森堡、斯洛文尼亚、爱沙尼亚、冰岛	34
中高等收入国家	4046~12535	中国、俄罗斯、巴西、土耳其、墨西哥、印度尼西亚、泰国、阿根廷、南非、委内瑞拉、马来西亚、哥伦比亚、哈萨克斯坦、秘鲁	14
中低等收入国家	1036~4045	印度、伊朗、尼日利亚、菲律宾、埃及、巴基斯坦、越南、乌克兰、乌兹别克斯坦、赞比亚、刚果共和国、蒙古	12
低收入国家	<1036	—	—

3. 农业用水效率对比分析

农田灌溉水有效利用系数最高的国家为以色列，高达 0.87；其次是澳大利亚和俄罗斯，在 0.8 左右；美国、法国、西班牙、英国、阿尔及利亚等国家也在 0.6 以上。2020 年我国农田灌溉水有效利用系数为 0.565，离国际先进水平仍有较大差距。

2.3.6 能力建设与水管理水平

发达国家在推进水利现代化的过程中对能力建设十分重视，其人员素质较高，具有完善的水管理法律法规体系，基本建立了以水权制度为核心的资源管理体制，实现了对水资源的有效管理。

水资源具有独特的地域特征，以流域或水文地质单元构成一个统一体。每个流域的水资源是一个完整的体系，地表水与地下水不断运动、相互转化。水资源以流域为整体的特征，客观上要求流域统一水量调度，对水资源实行统一管理。水资源是一种具有多重特性的自然资源，包括自然特性、生产特性、消费特性和经济特性。从经济特征看，水利设施提供的服务，既有私人物品的属性，又有公共物品的属性。因此水市场只能在供水、水电、灌溉等这些具有私人物品特征的有限领域内发挥作用，水市场不可能是一个完全市场化的市场，必须加强政府的宏观调控[7]。

我国虽然在能力建设及水管理工作方面取得了一些成就，但是我国在能力建设及水管理现代化方面起步较晚，尤其是与国际先进水平相比还需要大跨步地追赶。应对洪涝灾害及干旱缺水问题的决策水平尚显不足，水生态环境保护力度远远不能满足可持续发展需求，对水资源的利用效率还相对较低，在很多地方，水污染、水土流失、干旱和洪涝灾害依然频发。尤其是在城镇化建设及乡村振兴的新形势下，越来越迫切地需要不断提高能力建设和水管理水平，所以在能力建设及现代化水管理水平提升方面还需要不断地强化。

2.3.7　水法治建设和体制创新

依法治水和管水已成为发达国家现代水利的重要保障，对于水管理体制的正常运行发挥了重要作用。

我国法治建设正在不断加强和完善，新修正的《中华人民共和国水法》突出了流域管理与行政区域管理相结合的管理体制。从法制上确立水资源管理的新体制才刚刚开始，需要不断健全依法治水的法律体系。

2.3.8　水利发展机制

发达国家水利发展机制比较健全。如美国的水利投入是由联邦、州、地方三级政府合理分担，投入机制健全。

我国长期以来水利发展机制不完善，投入严重不足，缺乏稳定的保障机制，导致水利基础设施建设和管理严重滞后于国民经济发展。

适合社会主义市场经济的水利投资体制、责任机制、价格体系、激励机制、保险机制都不健全，水价、电价和水利服务价格长期背离价值规律，未形成水利设施的良性运行机制。

我国国土面积大约是日本的 26 倍，大江大河的治理规模和要求远远高于日本，但治水投入水平（即使按近年最高年投入计算）远远不及日本。

2.4　我国水利现代化建设

2.4.1　水利现代化建设的重要性

水利作为国民经济基础设施，对国民经济和社会发展及人民生命财产安全起到了重要保障作用。防洪减灾、农业灌溉和城乡供水工程建设,对国家粮食安全,人民生活水平不断提高,社会稳定,经济高速、健康、稳定发展,起到了不可替代的支撑和保障作用[7]。

2011 年中央一号文件《中共中央　国务院关于加快水利改革发展的决定》(2010 年 12 月 31 日)指出:水是生命之源、生产之要、生态之基。兴水利、除水害,事关人类生存、经济发展、社会进步,历来是治国安邦的大事。

水利对经济社会的可持续发展具有重要的支撑与保障作用:一方面,经济社会发展需要不断提高防洪安全、供水安全和生态环境安全;另一方面,水利发展也需要国家经济实力和科技实力作为支撑。因此,国家现代化需要水利现代化的支撑和保障,水利现代化是国家现代化的重要组成部分。

我国水利现代化问题是适应国家现代化建设的需求而提出的,并逐步发展成为现代水利发展目标。

阶段目标:西部地区要以实施西部大开发战略为契机,水利建设以开发和保护为主要目标,加快水利建设步伐。2030 年部分地区或部分领域的发展水平达到现代化的指标要求;到 2050 年基本实现水利现代化,届时全国基本实现水利现代化。

2.4.2　水利现代化建设对国民经济的拉动及促进作用

1. 拉动作用

水利投资对国民经济发展的促进作用主要可以从两个方面来考虑:一是水利投资建设过程中的促进作用,可以理解为"投入产出"分析中的"后向效应",即对为水利建设提供原材料、能源和各种劳务等后向部门所产生的拉动作用。二是水利投资建设完成后的促进作用,可以理解为"前向效应",即水利建设完成后水利部门本身所产生的直接和间接效益。

1)水利投资的后向效应

水利投资的后向效应指由于进行水利投资,产生了对国民经济很多部门产品和劳务的新需求,如水泥、钢材、油料、电力、化工、机械等,从而拉动了国民经济各部门的发展,使 GDP 数额增加。以小型农田水利工程建设为例,按照 2008 年物价计算,每万元(不含群众投工投劳)投资可消耗水泥 8t、钢材 0.4t、油料 100L①。

需要特别强调的是,水利建设需要大量的劳动力,长期以来水利建设雇用了大量的农村和城市中的剩余劳动力,极大地缓解了社会就业压力。

---

①　新华社. 农田水利基本建设:粮食增产、扩大内需的助推器, 2008-12-29.

2) 水利投资的前向效应

水利投资的前向效应主要表现在以下几个方面：防洪减灾体系建设是国家财富和人民生命财产的安全保障；灌溉工程为农业发展和保障国家粮食安全作出了巨大贡献；供水工程是工业、城市发展和人民生活的生命线；水库建设可以拉动水产养殖及航运、旅游事业的发展；此外，水利建设还促进了边远地区的经济发展，为改善环境作出了积极的贡献。

2. 水利投资对经济增长的促进效用分析

水利固定资产投资是全社会固定资产投资的重要组成部分，对经济增长有明显的拉动作用。2010 年以来，我国水利投资总量逐年增加。

1) 对农业的促进作用

农业经济的增长受到很多因素制约，农田水利等基础设施的投资情况对其有着直接、显著的影响。水利基础设施建设是农业生产活动的基础，是实现农业现代化的必要条件。水利在农作物生产、林业、渔业和畜牧业等发展中，都是具有决定性影响的因素。通过投资建设灌区续建配套和节水改造项目，高标准农田水利建设，发展高效、节水、防污型农业及现代化、自动化灌排工程建设和管理等，都可以增强农田的抗旱排渍除涝能力，进而增加农业综合生产能力，促进农民增收致富。

2) 对第二产业的促进作用

防洪排涝及水运工程建筑、治污环保工程建筑、水力发电工程施工、城镇及工业供水等行业本身就属于第二产业，这部分投资直接促进了第二产业的发展。水利工程设施建设投资，属于国民经济行业分类中建筑业大类。

3) 对第三产业的促进作用

在水利项目施工过程中，建筑安装材料、机电设备及施工器具购置，可以带动交通运输业、餐饮业的发展；水利施工工地的人口聚集也可以带动餐饮业、零售业的发展；水利项目中的信息化设施的配备，带动了计算机服务和软件业部门的发展；水利建设对于生态环境的改善也带动了旅游、房地产等行业产值的增加。另外，水利投资资金规模大，工程建设周期长，需要有良好的融资平台和融资渠道，从而对金融业也起到了带动作用。

2.4.3　水利现代化建设边际效益

水的边际效益：

$$M = \Delta B / \Delta W \qquad\qquad (2.1)$$

式中：M 为水的边际效益；ΔB 为工业增加值；ΔW 为工业供水增量。

我国每单位工业用水的边际效益随着经济社会发展和水的稀缺程度的加剧有逐步上升且速度加快的趋势。

按 1999 年价格水平计算，1949 年每立方米工业用水对工业增加值的边际效益为 0.93 元，1965 年为 3.60 元，1980 年上升为 5.38 元，1993 年上升为 7.29 元，1999 年上升为 8.93 元[1]，2005 年进一步上升为 20.21 元，2010 年为 31.74 元[8]。

图 2.1 为我国单位工业用水对工业增加值的边际效益变化曲线（按 1999 年价格水平计算）。

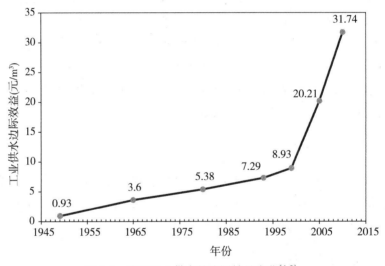

图 2.1　我国工业供水的边际效益变化[1,8]

2.5　我国水利现代化建设存在的问题及解决措施

2.5.1　存在的问题

当前，我国水利现代化建设存在的主要问题：人均水资源匮乏；水量在空间上分布不均；水量在时间上分布不均；水能资源开发利用程度低。

2.5.2 解决措施

相应的解决措施主要有：发展节水农业，动员全社会节水；建设跨流域调水工程，实现水资源合理调配；发展抽水蓄能电站，增建水库等防洪和抗旱设施；加强西南水电开发，增加西电东送。

2.6 我国水利现代化建设的主要任务

当前，我国水利现代化建设的主要任务有：

(1)水利枢纽建设：南水北调西线工程建设等，各大流域梯级开发；

(2)水电站建设：西南水电能源开发，小水电，抽水蓄能；

(3)水库建设：水库除险加固，新水库建设；

(4)灌区建设：大型灌区续建配套与节水改造及现代化灌区建设；

(5)堤防建设：黄河、长江等大江大河堤防加固；

(6)河道疏浚：为航运和行洪提供条件；

(7)泵站等建设：新建灌溉、供水及城乡排涝泵站；

(8)跨流域调水工程建设：引江补汉及引江济淮等大型调水工程建设。

第3章 水利与社会经济发展

3.1 国外水利建设与社会经济发展

3.1.1 美国胡佛水坝的修建及其影响

1. 美国胡佛水坝的修建背景

美国法律禁赌，可是美国到处都有赌场。西海岸有拉斯维加斯，东海岸有大西洋城。许多小城市有赌场，大河、海湾上有赌船，还有不少印第安人保护区也开设了赌场。其中首屈一指者，无疑是内华达州的拉斯维加斯。胡佛水坝的修建，使得赌城拉斯维加斯从一片荒地变成了赌博的象征。与此同时，振兴了美国经济。

美国第 31 任总统——共和党领袖胡佛任内，出现了美国经济大萧条。为了摆脱经济困境，胡佛大坝在 1931 年 4 月开始动工。到 1936 年，世界上第一座大型水坝——胡佛水坝在美国科罗拉多河布莱克峡谷建成，与它邻近的拉斯维加斯城那时还是内华达州的一个小镇。

2. 美国胡佛水坝的建设与命名

胡佛水坝位于亚利桑那州和内华达州交界处，茫茫大漠之中，科罗拉多河从亚利桑那州的大峡谷流向这里。胡佛水坝截断了科罗拉多河，形成波光浩渺、长 118km 的米德湖，是西半球最大的人工湖。

胡佛水坝是一座宏伟的拱门式混凝土水坝，建造在两座山之间，像一条巨龙横卧在那里。该大坝庞大的混凝土坝墙挡住了科罗拉多河的河水，造就了美国最大的人工湖泊——米德湖，总库容为 348.50 亿 m^3。库区 160km 长的水体重量足以使地壳变形。

该大坝高 221.4m，是自由女神像高度的 3 倍。坝底宽 200m，顶宽 14m，顶长 377m，为当时世界第一大坝。工程在只有仙人掌、响尾蛇的沙漠中展开，先后死了 94 名工人。建造大坝所用的水泥足以用来建造从旧金山到纽约横贯美国的双车道公路。为了运输钢筋、水泥，专门建造了铁路。大坝工程用了 46 个月，1935 年 2 月大坝落成。

胡佛水坝的蓄水池是著名的米德湖。米德湖碧波浩渺，一望无际，是西半球最大的人工湖。它不仅景色优美，而且在防洪、灌溉、城市和工业供水、水力发电、旅游及航运等方面都发挥了巨大作用，对发展生产起着不容忽视的作用。水坝建成时，安装了 9 台发电机，能发出 70 多万 kW 的电力，成为当时世界上最大的水电站。后来，发电机增加到 17 台，总发电装机原来为 134.5 万 kW，现已扩容到 208 万 kW，计划达到 245.2 万 kW。胡佛水坝的发电照亮了美国西部流光溢彩的城市，可供应美国太平洋沿岸西南部大部分地区的用电，可见胡佛水坝贡献之大。

胡佛水坝的命名还经历过一番曲折。1931 年开始建设水坝时，共和党领袖胡佛总统正在台上，水坝遂以他的名字命名。但是民主党人对此耿耿于怀，很不服气。等胡佛总统一下台，他们马上便把胡佛水坝更名为鲍德水坝，鲍德是附近一个城市的名字。此后共和党人重新得势，鲍德水坝又改为胡佛水坝。从水坝的两度易名，不难看出水利工程建设的重要性。

3. 美国新城拉斯维加斯的崛起及其他工程

在胡佛水坝附近，过去有一个残墙断垣的小村庄——老拉斯维加斯(Old Las Vegas，OLV)，就是建造水坝时工人们的宿营地。今天，胡佛水电站的电力点亮了拉斯维加斯流光溢彩的霓虹灯。有趣的是，胡佛水库似乎已经成了赌城的附属。多数来到拉斯维加斯的游客根本不知道，就在附近不到半小时车程处还有一座壮丽的水坝和一个水色浓绿、美如翡翠的米德湖。

正是胡佛水坝的建设，孕育了新城拉斯维加斯。建造胡佛水坝的时候，大批工人聚集在这里，为一座新城的诞生提供了条件。工人们在沙漠之中，没有任何娱乐，于是有人以赌博解闷。内华达州政府为了吸引人气，在 1931 年把赌博合法化。于是，许多人前来投资赌场，接着又吸引了大批的水库观光客前来赌博。就这样，一座光怪陆离的赌城在沙漠深处迅速发展，以至一跃而成为美国西部最大的新城。

在美国西部，除了胡佛水坝，另外还有 9 座大坝，将科罗拉多河的河水分别引入——亚利桑那州、内华达州以及南加利福尼亚州。除了防洪、灌溉及供水之外，还给这一地区主要城市的发展源源不断提供了动力，将贫瘠的美国西部地区变成了一个葱茏而富饶的花园。

3.1.2　国外其他水利工程

据专家统计，目前全世界有 1/3 国家的电力一半以上靠水电，全球 50% 的大型水坝专门为提供灌溉水源而建。此外，大坝在抗洪防汛、防御海潮侵袭等方面也有重要作用。

1. 伊泰普水坝

伊泰普水坝位于巴西西南部与巴拉圭和阿根廷的交界处，全长 7744m，高 196m，比埃及的阿斯旺水坝还大 6 倍。巴拉那河被其拦截后形成深 250m、面积达 1350km^2、总蓄水量为 290 亿 m^3 的人工湖。

自 20 世纪 70 年代经历两次电力能源危机后，巴西政府决定同巴拉圭合作建造当时世界上最大的水电站。大坝于 1975 年 10 月起开始建造，1991 年 5 月全部工程完工，耗资 183 亿美元，水电站发电机组总装机容量为 1260 万 kW。

伊泰普水坝对于这两个依靠大量进口外国石油作为能源的国家来说，在能源供应和经济发展中发挥着举足轻重的作用。伊泰普水电站不仅能满足巴拉圭全部用电需求，而且能供应巴西全国 30% 以上的用电量，圣保罗、里约热内卢、米纳斯吉拉斯等主要工业区 38% 的电力来自伊泰普水电站。

2. 阿斯旺大坝

阿斯旺水坝距埃及的阿斯旺城约 10km，主坝全长 3600m，高 111m，底座宽 980m，坝顶宽 40m。尼罗河水被拦腰斩断后形成了蜿蜒 500km、宽至 60km 的纳赛尔湖，其容量相当于尼罗河 2 年的径流量。

该工程项目始建于 1960 年，工期为 10 年，耗资 10 亿美元，相当于今天的 100 亿美元。修建大坝的目的在于控制尼罗河水流量，使其在涨水季节不会泛滥成灾、缺水季节减少旱灾损失，同时增加农业耕地面积，改善农产品结构，提高粮食和经济作物产量。

大坝于 1964 年开始蓄水，4 年后首次并网发电，它巨大的涡轮机组能产生 210 万 kW 的电能，占埃及全国总发电量的一半。大坝建成后，埃及尼罗河谷有 441 万亩的小麦田由一年一季变为一年两季，显著提高了农业产量。大坝建成 30 多里里，尼罗河谷和三角洲地区增加可耕地面积达 1260 万亩。

3. 雪山调水工程

雪山山脉位于澳大利亚新南威尔士州的南部，属于大分水岭的一支。山脉自澳大利亚墨尔本西侧向南至维多利亚州界，全长约 160km，宽 80km，峰峦起伏，气势磅礴。位于此山脉的科修斯科山(或译科西阿斯科山)，海拔 2228m，为澳大利亚最高山峰。山顶终年积雪，因此澳大利亚人称它为雪山。自雪山山脉发源的河流有墨累河、马兰比吉河、雪河。

世界著名的雪山水利工程的建设，使得流向东南海岸的雪河、尤坎本河河水折向西流，为澳大利亚大陆东南部地区提供电力、工业及城市供水和农田灌溉用水。自 1948 年雪山开辟为国家公园，公园占地面积 6134km²。园内有 3 个冰河时期形成的冰蚀湖，湖水秀丽多姿，冰斗和冰碛银光闪闪。佩里舍谷是澳大利亚最高的旅游景点之一，谷内有许多旅馆，可供数千人住宿，有长达 2040m 的空中索道。雪山也是度假滑雪、溜冰的胜地，山上的思雷德博滑雪场设施完善，一年四季都可以滑雪。图 3.1 为雪山调水工程平面布置图。

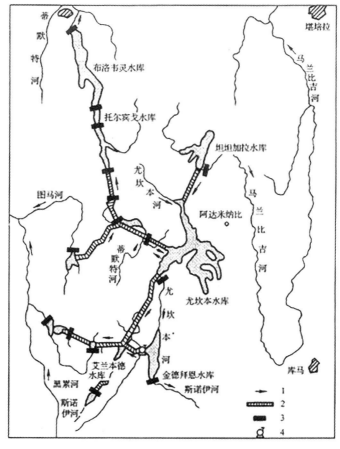

1. 调水线路走向；2. 隧洞；3. 大坝；4. 水泵站

图 3.1 澳大利亚雪山调水工程示意图[6]

4. 铁门水坝

铁门水坝位于罗马尼亚的卡特拉克塔峡谷地带，大坝全长 1278m，高 75.5m，底座宽 50m，坝顶公路宽 16m。多瑙河被拦截后，形成蓄水量为 15 亿 m^3 的人工湖。

该水坝是由罗马尼亚与前南斯拉夫合作修建，于 1964 年 9 月开始动工，1972 年 5 月建成，发电机组总装机容量为 210 万 kW，是目前罗马尼亚蓄水量最大的水坝。自完工以来，铁门水电站从不间断地每年向罗马尼亚输送电量 54 亿 kW·h，为罗马尼亚经济发展作出了很大贡献。

5. 罗贡坝

罗贡坝曾经是世界最高的土石坝，曾经也是世界最高坝，是罗贡水电站枢纽中的主要建筑物之一。水电站枢纽位于塔吉克斯坦阿姆河支流瓦赫什河上，距下游的努列克坝 70km，是该河最上游的一个梯级。

枢纽的主要任务是灌溉和发电。工程所在地区的岩层由砂岩、粉砂岩和泥板岩组成，地震烈度为 9 度，峡谷呈"S"形。枯水期，河面宽 50~80m，在坝址处缩窄至 20m。平均气温 10℃，夏季最高达 40℃，冬季可达 -31℃。年平均降雨量 816mm，多年平均流量 640m^3/s，水库总容量为 133 亿 m^3。

罗贡坝是一座黏土斜心墙土石坝，最大坝高 335m。坝顶长 660m，顶宽 20m，底宽 1500m，坝体体积 7550 万 m^3。上游坡比 1:2.4，下游坡比 1:2。斜心墙上游坡比 1:0.9，下游坡比 1:0.4。为保护坝基岩层免遭冲蚀，在坝体上游侧地基内采取了综合防冲蚀措施，心墙底喷混凝土保护，下设灌浆帷幕并进行固结灌浆。枢纽中的主要建筑物还有：带有表孔和底孔进口的泄水建筑物，设计泄水流量 5750m^3/s；导流隧洞和交通洞，其中导流隧洞闸门的设计水头达 200m；水电站厂房采用地下式，长 200m，高 68m，宽 28m，装有 6 台 60 万 kW 的水轮发电机组，总装机 360 万 kW。工程于 1975 年开工，大坝于 1989 年建成。图 3.2 为罗贡坝断面结构图[9]。

6. 泰晤士挡潮闸

在伦敦潮汐河段上端的特丁顿，泰晤士河的平均流量为 53m^3/s，冬季雨后可上升到 130m^3/s。在特大洪水期（如 1947 年 3 月），特丁顿拦河坝处的流量高达 590m^3/s。据说，1894 年一次暴风雨后的一天，坝上溢流的平均流量高达 887m^3/s。洪水期多发生在冬季，枯水期多出现在夏季。特丁坝有记录的最大流量为 1050m^3/s（1894 年），最小流量为 0.91m^3/s。泰晤士河水位稳定，冬季通常不结冰。泰晤士河具有多种功能，但存在水资源紧张、水污染及防洪防潮等水利问题。

在洪水期，河水能够压住流进来的潮水，将潮水遏制在特丁顿以下很远的地方，使河水连续好几天朝海的方向奔流下泄。

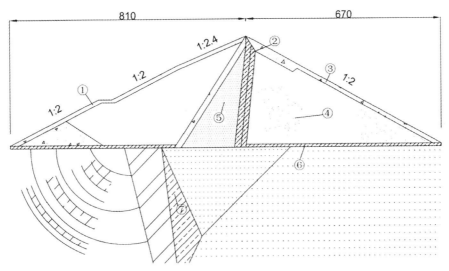

①单层过渡区；②滤层过渡区；③石料区；④砾石坝壳；⑤心墙；⑥覆盖灌浆；⑦帷幕灌浆

图 3.2 罗贡坝断面结构图（长度单位：m）[9]

相反，涨潮凶猛时也能够漫过拦河坝，顶住河水远至特丁顿以上 3.2km。汹涌的潮水对伦敦的地下基础设施、建筑物和居民具有潜在的灾难破坏力，因而促使在锡尔弗敦（Silvertown）修建泰晤士水门（1982 年完成），并且沿整个潮汐河段，全面修筑辅助的挡洪栅。①

7. 须德海拦海大坝

荷兰王国在日耳曼语中叫尼德兰，意为低地之国。因其国土有一半以上低于或几乎水平于海平面而得名。为了生存和发展，荷兰人竭力保护原本不大的国土避免在海水涨潮时遭"灭顶之灾"。

20 世纪 20 年代末到 30 年代初，荷兰人实施了举世瞩目的须德海工程和三角洲工程，前后用 6 年时间筑成了一条 32km 长的拦海大坝，将须德海与北海切开，把它变成一个湖。由于河水要经过此湖入海，海水不断淡化，须德海就逐渐变成了淡水湖，最后改造成陆地。

他们长期与海搏斗，围海造田。早在 13 世纪就筑堤坝拦海水，再用风力水车抽干围

---

① 柳絮. 泰晤士河的治理启示[J]. 中国农村科技，2014(8)：74-76.

堰内的水。几百年来荷兰修筑的拦海堤坝长达 1800km，增加土地面积 60 多万 hm^2。

如今荷兰国土的 20% 是人工填海造出来的，镌刻在荷兰国徽上的"坚持不懈"字样，恰如其分地刻画了荷兰人民的民族性格。

3.2　我国古代农业生产与水利建设

3.2.1　我国古代农业生产与水利建设

我们伟大的祖国是一个有着 5000 年文明史的古老国家，她和古代埃及、印度、巴比伦一起并称为世界四大文明古国。由于种种原因，其他几个文明古国的历史都曾经出现过长长的空白，唯有中华民族的历史被连续记载下来了。在历史的长河中，中国历代修建的水利工程是一个重要的组成部分。根据目前的文字及实物资料估计，全国具有 100 年以上历史的现存水利工程不少于 100 处，水利工程历史遗迹则数以千计。在全国重点文物保护单位里，有很多著名古代水利工程名列其中。其中，包括四川灌县的都江堰、广西兴安的灵渠、安徽寿县的安丰塘(芍陂)、福建莆田的木兰陂、浙江丽水的通济堰以及绍兴的古纤道等。除水害、兴水利的活动是古今中外社会、经济、科技、文化及文明传承的前提条件和立国之本[10]。

我国几千年的历史中，有素称发达的农业和手工业，农业则是社会经济的主要部门。水利是农业的命脉，水利的发展对于我国古代社会经济发展起着重要的作用。由于我国古代社会的经济发展主要以农业为主体，而农业除了受气候、土壤等自然地理环境的影响外，又在很大程度上取决于农作物所需水量的供应。随着农业的进步，原始的灌溉、防洪活动相继出现，开始了我国水利发展的历史。在自然降水不能满足农作物需要，特别是在生产力相对比较低的情况下，主要农业经济区大多出现在各大河流附近。

3.2.2　我国古代各大流域农业生产与水利建设

1. 黄河流域农业和水利

黄河流程达 5464km，流域面积达 752443km^2。上千条支流与溪川相连，犹如无数毛细血管，源源不断地为祖国大地输送着活力与生机。近代黄河流域的平均降水量约为 400mm，属于半干旱、半湿润地区。整个降水量的 2/3，又集中于 6 月到 9 月，并多以暴雨的形式出现。水旱灾害经常发生，对农业生产威胁很大。在长期的生产实践活动中，人们认识到同水旱灾害作斗争是发展农业生产至关重要的事情。

我国早在母系氏族社会，黄河流域的民族部落就形成了以农业为主的综合经济。当时的原始农业称作刀耕火种，或称锄农业。到了父系氏族社会阶段，农业生产注重按照季节和气候条件来进行，进一步提高了它的可靠性和稳定性，便于定居生活。

黄河流域虽然常常发生水旱灾害，给农业造成很大的威胁，但黄河及其支流经过人工改造利用以后，灌溉着亿万亩良田，孕育了我国古代光辉灿烂的文化，黄河流域成为中华民族世代生息的主要地区之一。它巨大的自然效益造福于人们，经历代劳动人民的开发，这一地区发展为世界上最著名的文明地区之一。其中，著名的水利建设包括：

1) 大禹治水

中国地域辽阔，地理特点差异很大，治理水土、兴修水利是治国之大事。因此，古代中国又有"治水者治国"的说法。夏王朝的创始人大禹就是靠治水起家，进而成为古代华夏民族的君主(肖东发，2015)。

传说中的我国古代治水英雄大禹，花了近十几年的工夫疏导洪水，平息水患，接着就划分土壤等级，制定贡赋，发展农业生产。可见，农业同水利紧密地联系在一起。

2) 郑国渠

郑国渠，于公元前246年(秦王政元年)由水工郑国在秦国主持穿凿兴建，约十年后完工。郑国渠是古代劳动人民修建的一项伟大工程，属于最早在关中建设的大型水利工程，位于今天的陕西省泾阳县西北25km的泾河北岸。它西引泾水，东注洛水，长达300余里。2016年11月8日，郑国渠申遗成功，成为陕西省第一处世界灌溉工程。[①]

3) 关中地区农业与水利

水利对于促进关中地区经济发展的另一个重要方面是漕运，这是统治阶级最为关心的事情。关中地区到秦汉时虽号称天下财富"十属其六"，但是，为了满足当时军事用粮和关中地区人口增长的需要，关中地区仅就粮食来说，也常常不能满足京师的需要。西汉时期，从外地漕运关中的粮食从最初每年几十万石增长到后期的数百万石。政府为了保证漕运任务而花在修船筑仓方面的费用，每年都是相当惊人的数字，可见当时漕运的重要。

号称八百里秦川的关中地区，由于主要是黄土地带，一经得到灌溉，就会变成沃野千里。在生产力还比较低下的我国古代社会中，这是发展经济极其有利的一面。但是另一方

---

① 三秦网. 我省郑国渠申遗成功入选世界灌溉工程遗产名录，2016-11-08.

面，关中地区雨量少而集中，泾、渭诸水又含有大量泥沙，灌溉渠系极易淤塞。如果没有妥善的经营管理，而想得到稳定的灌溉效益是很不容易的事。加上豪强兼并和社会动乱的破坏，关中地区的经济地位在后面很长一段时间里，就不及江南等后来发展的经济地区那么重要了。

4）河套地区农业与水利

黄河流域由于水利事业大发展而兴起的另一个重要经济区是河套平原。河套平原处于我国的干旱地区，在大沙漠边缘。雨量少，蒸发量大。如果没有较为稳定的灌溉条件，农作物是难以生长的。但是，这里土质条件较好，日照充足，加之这里的黄河河段沙少水清，决溢泛滥不多，对开辟耕地、发展灌溉非常有利。早在先秦时期，我国各族劳动人民就在这里劳动生息开发土地。但在汉初，这里的开发程度还较低。为了适应在北方作战的需要，于是便加强对河套地区的开发，设置屯田，广开渠道，引黄水灌溉，从"置田官吏卒五六万人"到"开田官，斥塞卒六十万人戍田之"，可以想象当时兴修水利开辟耕地的规模不小。

2. 海河流域农业和水利

海河流域是我国开发最早的地区之一。先秦时期，这里是燕、赵、中山、魏等国的活动地区。

海河流域地处华北平原北半部，距海洋不远，属于半湿润地区，适宜开展农业生产，是我国古代重要的农业经济地区之一。它在战略上亦占有重要的地位，辽、金、元、明、清各朝代都曾定都北京。从13世纪中叶起，这里一直是我国的政治中心。

天津以下河道称海河，干流长73km。流域总面积31.8万km²（其中海河水系26.4万km²、滦河水系5.4万km²）。

海河流域虽然是我国古代重要的农业经济地区之一，但是它同淮河流域、长江流域等一些经济地区相比，发展是较为缓慢的，特别是北京成为金、元、明、清各朝代的王都以后，这个地区远远不能满足京师用粮的需要，在交通还不发达的情况下，南粮北运成为一个问题。自明中叶以后，虽曾出现过一些开发北方、改变南粮北运的主张，但都没有真正实行过。除封建社会末期反动腐朽的一面之外，还有一些其他因素是值得我们今后继续探讨研究的。

3. 淮河流域农业和水利

淮河流域干流全长约1000km，流域面积27万km²，其中淮河水系19万km²，沂沭泗水系8万km²。由于处在南北要冲位置，受封建统治阶级战乱的破坏非常严重。金元以后，黄河南侵，向淮河流域泛滥日益严重，致使淮北地区灾害频繁，严重影响这一地区的经济发展。所以，淮河流域虽与江南地区具有几乎同样优越的自然条件，并曾在唐末期间一度与江南地区齐头并进地发展，但终究不及长江下游的江浙地区。

淮河流域地区有着发展成为重要经济地区的十分优越的天然条件。这里气候适宜，雨水充沛，天然水道较多，平原沃壤千里。早在原始社会时期，人们就在这一带活动。由于这里是古代南北政治、经济交往的要冲之地，为兵家所必争，成为有名的古代战场。每当封建国家分裂时，这个地区常常在战乱中遭受很大破坏。但是由于这个地区有着极为优越的自然、地理条件，所以，历代统治阶级只要有可能，都不惜投入巨大的人力物力进行开发，力图发挥这个地区作为重要经济地区的作用。

4. 长江流域农业和水利

长江发源于唐古拉山脉主峰格拉丹东雪山西南侧，干流流经青、藏、川、滇、渝、鄂、湘、赣、皖、苏、沪，支流涉及黔、桂、甘、陕、豫、粤、浙、闽，共计 19 个省、自治区、直辖市。干流长 6300km，流域面积 180.7 万 km^2。

长江流域是我们中华民族的发祥地之一，这里具有非常优越的自然条件，一经开发，便能迅速发展，成为我国极为重要的经济地区。

早在父系氏族社会时期，长江中下游一带的氏族部落，已经普遍栽种水稻。经考古发现，确认当时浙江一带已有粳稻和籼稻两种稻谷了。

1）天府之国——成都平原

都江堰，位于四川省成都市都江堰市城西，坐落在成都平原西部的岷江上，是由渠首枢纽（鱼嘴、飞沙堰、宝瓶口）、灌区各级引水渠道，各类工程建筑物、大中小型水库和塘堰等所组成的一个庞大的水利工程。秦昭王后期（约公元前 276 年至 251 年），蜀郡守李冰总结了前人的治水经验，组织岷江两岸人民修建都江堰。

都江堰工程建成后，成都平原万顷土地受其滋润。使得"蜀沃野千里，号为陆海。旱则引水浸润，雨则杜塞水门"。成都平原自都江堰建成后迅速成为我国古代社会的重要经济区域，有力地证明了水利事业对地区经济发展的巨大推动作用。图 3.3 为近代（截至1949 年）都江堰水利工程分布示意图[11]。

2）两湖地区

两湖地区地处长江中游的湖北江汉平原和湖南洞庭湖区，也是我国重要的农业经济地区。这里有为数众多的大小湖泊，气候温暖湿润，雨水充足，沿江两岸和沿湖四周的土地非常肥美。明成化八年（1472 年）以后，全国运粮京师规定为四百万石，其中南粮就占约

3/4。南粮的生产大部分由长江中下游地区的劳动人民所承担，其中两湖占很大的比重。由此可以看到，当时的两湖地区经济已是相当发达，成为全国粮税收入的重要地区。这里星罗棋布的水利工程，为该地区的工农业发展提供了保障。

3）京杭大运河

京杭大运河是世界上最长的古代人工运河，元代最后开通。北起北京，南到浙江杭州。民国时实测全长 1782km，现长约 1790km。古代京杭大运河曾流经今北京、河北、天津、山东、河南、安徽、江苏和浙江 8 个省市，把海河、黄河、淮河、长江和钱塘江五大水系联系起来，是古代中国南北交通大动脉[10]。

京杭大运河是我国古代劳动人民创造的一项伟大工程，是祖先留给我们的珍贵物质和精神财富，是活着的、流动的重要人类物质文化遗产。

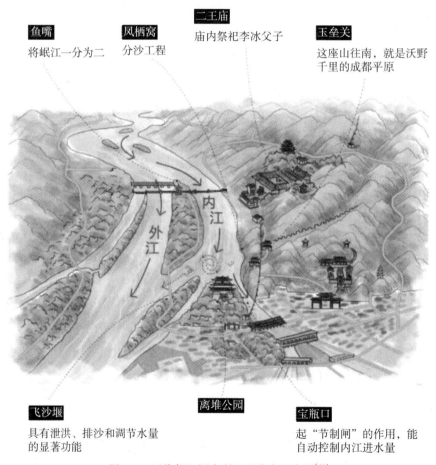

图 3.3　近代都江堰水利工程分布示意图[11]

京杭大运河始建于春秋时期(公元前 486 年),包括隋唐大运河、京杭大运河和浙东大运河三部分。全长 2700km,跨越地球 10 多个纬度。是世界上历经里程最长、工程最大的古代运河,也是最古老的运河之一,与长城、坎儿井并称为中国古代的三项伟大工程,并且使用至今,是中国古代劳动人民创造的一项伟大工程,也是中国文化地位的象征之一,闻名于全世界。如今的京杭大运河南起余杭(今杭州),北到涿郡(今北京),途经浙江、江苏、山东、河北四省及天津、北京两市,贯通海河、黄河、淮河、长江、钱塘江五大水系,主要水源为微山湖,大运河全长约 1747km。京杭大运河对中国南北地区之间的经济、文化发展与交流,特别是对沿线地区工农业经济的发展起了巨大作用。

春秋时期,吴国为伐齐国而开凿邗沟,隋朝大幅度扩修并贯通至都城洛阳且连涿郡,元朝翻修时弃洛阳而取直至北京,从开凿到现在已有 2500 多年的历史。2002 年,大运河被纳入了"南水北调"东线工程。2014 年 6 月 22 日,第 38 届世界遗产大会宣布,中国大运河项目成功入选《世界文化遗产名录》,成为中国第 46 个世界遗产项目。最终列入申遗范围的大运河遗产分布在中国 2 个直辖市、6 个省、25 个地级市。

2014 年 9 月,通州、武清、香河三地水务部门已签订战略合作协议,计划于 2017 年实现初步通航,2020 年正式通航。2019 年 2 月,中共中央办公厅、国务院办公厅印发了《大运河文化保护传承利用规划纲要》(以下简称《规划纲要》),并发出通知,要求各地区各部门结合实际认真贯彻落实。2019 年 10 月 3 日,京杭大运河(通州城市段)旅游通航仪式举行,北关闸至甘棠闸段 11.4km 正式通航。2021 年 6 月 26 日,京杭大运河北京段通航,创造多项新的历史。

京杭大运河对中国南北地区之间的经济、文化发展与交流,特别是对沿线地区工农业经济的发展起了巨大作用。大运河肇始于春秋时期,形成于隋代,发展于唐宋,最终在元代成为沟通海河、黄河、淮河、长江、钱塘江五大水系、纵贯南北的水上交通要道。

在 2000 多年的历史进程中,大运河为中国经济发展、国家统一、社会进步和文化繁荣作出了重要贡献,至今仍在发挥着巨大作用。京杭大运河显示了中国古代水利航运工程技术领先于世界的卓越成就,留下了丰富的历史文化遗产,孕育了一座座璀璨明珠般的名城古镇,积淀了深厚悠久的文化底蕴,凝聚了中国政治、经济、文化、社会诸多领域的庞大信息。京杭大运河与万里长城一样,是中华民族文化地位及身份的象征。

5. 珠江流域

珠江流域也是明清以后发展起来的我国南方重要的农业经济区,尤以珠江三角洲一带经济更加繁荣。这里虽然雨水非常丰富,但旱灾仍时有出现,再加上经常受到台风、海潮的侵袭。所以,兴建各种水利工程,有效地防止自然灾害,是这个地区农业发展的重要保证。

3.3　中华人民共和国成立后我国水利建设

中华人民共和国成立前，我国只有大型水库 6 座，中型水库 17 座，小型水库 1200 座（含部分灌溉工程），总库容约 200 亿 m^3。

国家统计局数据显示，截至 2019 年底，我国水库数为 98112 座，其中大型水库 744 座，中型水库 3978 座，小型水库 93390 座；水库容量为 8983 亿 m^3，其中大型水库容量为 7150 亿 m^3，中型水库容量为 1127 亿 m^3，小型水库容量为 706 亿 m^3。

3.3.1　水利现代化建设成就

改革开放以来，水利建设投入力度不断加大。1978 年至 2017 年累计投资 5.02 万亿元，占新中国成立以来水利建设投资的 98%，是改革开放前的 89 倍。世界上规模最大、功能最全的水利基础设施体系已经建成。

1. 农田水利：夯实国家粮食安全的重要基础

民以食为天，食以水为先。改革开放以来，我国农田水利事业快速发展。特别是 1998 年特大洪水以来，直接用于农村水利基础设施建设的投资迅速增长，一大批农田水利设施相继建成并发挥重要作用。

2. 饮水安全：惠及亿万国民的民生工程

饮水问题自古以来就是老百姓的头等大事。中华人民共和国成立后，党和政府为保障人民群众饮水安全进行了不懈努力。中华人民共和国成立之初到"十五"期间，主要以解决饮水困难为主，结合农田建设，采取以工代赈和专项补助、八七扶贫攻坚计划等措施支持农村饮水工程建设。

进入新世纪，国家加大投入力度，"十五"期间共投入资金 223 亿元，解决了 6700 万人的饮水问题，基本结束了我国农村严重缺乏饮用水的历史。2006 年开始，农村饮水工作进入了以保障饮水安全为中心的新的历史阶段，农村饮水安全工程全面实施，2006—2008 年三年安排中央投资 238 亿元，地方自筹配套资金 226 亿元，累计解决了 1.09 亿农村人口的饮水安全问题。

3. 除险加固：消除病险水库的安全隐患

中华人民共和国成立以来，我国累计兴建了 9.8 万座水库，发挥了巨大的防洪、灌溉、供水等综合效益。这些水库绝大多数建于 20 世纪 50 年代末到 70 年代初，限于当时的技术、施工和经济条件，有相当一部分建设质量存在先天缺陷，经年累月积病成险，不仅难以充分发挥效益，而且成为重大安全隐患。

党中央、国务院高度重视病险水库除险加固工作。20 世纪 70 年代开始，全国陆续开展了三批病险水库加固整治。1998 年特大洪水以后，更是加快了病险水库除险加固工作。2000 年以来，中央将病险水库除险加固提升到了更加突出的位置加速推进。2000 年至 2009 年 3 月，全国共安排中央补助病险水库除险加固项目 5695 座，投入中央资金 438.1 亿元①，平均每年安排中央补助项目 570 座，安排中央投资 44 亿元。

据中国快讯报道，水利部计划 2025 年底前全部完成现有病险水库除险加固。要压实地方责任，加快推进除险加固，同步建设小型水库雨水情测报和安全监测设施。②

4. 江河治理：筑牢人民群众生命财产的安全屏障

我国洪涝灾害频繁。中华人民共和国成立后，党和国家就着手对大江大河进行系统治理。改革开放以来，特别是 1998 年大洪水以后，中央通过实施积极的财政政策、发行国债，大幅度增加江河治理投入，加快大江大河大湖治理步伐，长江中下游干堤修完修好，黄河下游标准化堤防建设全面展开，治淮 19 项骨干工程基本建成，三峡、小浪底、临淮岗等枢纽工程全面发挥效益。

目前，我国大江大河主要河段基本具备了防御近 100 年以来发生的最大洪水的能力，中小河流具备防御一般洪水的能力，重点海堤设防标准提高到 50 年一遇。

5. 水土保持：建设山川秀美的生态环境

水土流失是我国头号环境问题。从 20 世纪 80 年代，国家就开始大规模实施水土流失重点防治工程。近年来，在继续实施长江、黄河上中游等重点防治工程的基础上，又新启动实施了黄土高原淤地坝建设、东北黑土区水土流失重点治理、晋陕蒙砒砂岩区沙棘生态工程、岩溶地区石漠化综合治理等一批重点生态建设工程。经测算，实施水土保持重点工程建设的区域，水土流失治理程度都达到 70% 以上，减沙率达到 40% 以上。长江上游嘉陵江流域土壤侵蚀量减少了 1/3，黄河流域每年减少入黄河泥沙 3 亿 t 左右，工程区生态环境得到明显改善。

6. 水力发电：清洁而且可以再生的能源

为了改善能源结构和生态环境，科学有序发展水电，2023 年 1 月 16 日，国家能源局

---

① 中国政府网. 农村改革发展成就系列报道：兴修水利 改善民生.
② 界面新闻. 水利部：2025 年底前全部完成现有病险水库除险加固，2021-09-30.

发布 2022 年全国电力工业统计数据表明：截至 2022 年 12 月底，全国累计发电装机容量约 25.6 亿 kW，同比增长 7.8%。全国可再生能源总装机容量超过 12 亿 kW，水电、风电、太阳能发电、生物质发电装机均居世界首位。其中，水力发电装机容量约 4.1 亿 kW，同比增长 5.8%；太阳能发电装机容量约 3.9 亿 kW，同比增长 28.1%；风电装机容量约 3.7 亿 kW，同比增长 11.2%。

我国三峡工程是迄今为止世界上规模最大的水利枢纽工程和综合效益最广泛的水电工程，也是保护和开发利用长江的关键性骨干工程。三峡水电站装机容量 2250 万 kW，年设计发电量为 882 亿 kW·h，是目前全球最大的水电站，由 32 台 70 万 kW 的水轮发电机组和 2 台 5 万 kW 的电源机组共同组成。三峡水电站每年的发电量十分庞大，年均发电量大约在 846.8 亿度。又因为三峡位于多条输电路线中，是重要的输送节点，电力供应覆盖包括华中、华东、华南等多个地区，为数以万计的居民和生产企业提供用电保障。①

自 2003 年开始初期蓄水运行、特别是 2010 年实现 175m 正常蓄水位运行以来，三峡水电站持续安全高效运行，全面发挥防洪、发电、航运、水资源利用等综合效益，不断促进生态环境保护和库区社会经济发展，为长江经济带高质量发展提供了重要的支撑和保障。2020 年 11 月，三峡工程完成整体竣工验收，转入正常运行期。2012 年三峡电厂 32 台 70 万 kW·h 机组全部投产以来，截至 2020 年底已累计发电 13992 亿 kW·h。2020 年发电量创单座水电站世界新纪录，达 1118 亿 kW·h。三峡电站输出的强大电力有力支持了华东、华中等地区的电力稳定供应，成为我国重要的大型清洁能源生产基地，为优化我国能源结构、维护电网安全稳定运行、加快全国电网互联互通、促进节能减排等发挥了重要作用。

3.3.2　我国现代水利工程

1. 三峡工程

长江三峡水利枢纽工程，简称三峡工程，是中国长江中上游段建设的大型水利工程项目，分布在中国重庆市到宜昌市的长江干流上。三峡水电站位于湖北省宜昌市，和其下游不远的葛洲坝水电站构成梯级电站。它是目前世界上已建规模最大的水电站，也是中国有史以来建设的最大的水利工程项目，而由它所引发的移民、环境等诸多问题，使它从开始筹建的那一刻起，便始终与巨大的争议相伴。

早在民国初期，孙中山先生在《建国方略之二——实业计划》[13] 里就提出建设三峡工

---

① 思考：三峡大坝的主要作用是什么？

程的设想。长江三峡水利枢纽工程是当今世界上最大的水利枢纽工程。三峡工程大坝位于长江三峡之一的西陵峡的中段，坝址在三峡明珠——湖北省副省域中心城市宜昌市的三斗坪。采用"一级开发，一次建成，分期蓄水，连续移民"的实施方案。

大坝坝体为混凝土重力坝，坝轴线长 2309.47m，全长 2335m，坝顶高程 185m，设计正常蓄水位为 175m，总库容 393 亿 m^3，其中防洪库容 221.5 亿 m^3。

水电站设左岸 14 台、右岸 12 台水轮发电机，后来又在右岸大坝"白石尖"山体内建设地下电站，设 6 台水轮发电机，另外还有 2 台电源机组，共 34 台水轮发电机组。32 台水轮机为混流式，单机容量均为 70 万 kW。总装机容量为 2250 万 kW。

三峡水利工程是长江干流第一座调控水库，其主要任务是：有效储蓄长江上游地区全部的洪水来量，以解决长江中、下游平原地区特别是荆江河段的洪水危害；开发三峡河段的水能资源，为华中、华东地区和重庆提供巨大的电力；改善重庆至宜昌间长江航道条件。该工程对华东、华中地区和重庆的经济发展和减少环境污染起到重大的作用。

2. 小浪底水利枢纽工程

小浪底水利枢纽位于河南省洛阳市孟津县与济源市之间，三门峡水利枢纽下游 130km，河南省洛阳市以北 40km 的黄河干流上，控制流域面积 69.4 万 km^2，占黄河流域面积的 92.3%，是黄河干流三门峡以下唯一能够取得较大库容的控制性工程。它是黄河干流上的一座集减淤防洪、防沙、供水灌溉、发电等为一体的大型综合性水利工程，是治理开发黄河的关键性工程。小浪底水利枢纽的建成，既可较好地控制黄河洪水，又可利用其淤沙库容拦截泥沙，进行调水调沙运用，减缓下游河床的淤积抬高。

小浪底工程 1991 年 9 月开始前期工程建设，1994 年 9 月主体工程开工，1997 年 10 月截流，2000 年元月首台机组并网发电，2001 年底主体工程全面完工，历时 11 年。共完成土石方挖填 9478 万 m^3，混凝土 348 万 m^3，钢结构 3 万 t，安置移民 20 万人，取得了工期提前、投资节约、质量优良的好成绩，被世界银行誉为该行与发展中国家合作项目的典范，在国际国内赢得了广泛赞誉。

3. 黄河沙坡头水利枢纽工程

2000 年，国家实施西部大开发战略，黄河沙坡头水利枢纽被列为新开工建设的十大工程之一，这是宁夏回族自治区"十五"期间开工建设并建成发挥效益的一项重点水利工程，该枢纽工程位于黄河干流宁夏中卫市境内。

黄河沙坡头水利枢纽的主要任务是灌溉和发电。总控制灌溉面积 134 万亩，总库容 2600 万 m^3，总装机容量 12.04 万 kW。最大坝高 37.8m，坝顶长 867.65m，坝顶高程 1242.6m。河床电站安装 4 台灯泡贯流式水轮机组，泄洪闸设计泄洪流量 6550m^3/s。枢纽总投资 12.8 亿元，总建设工期为 45 个月，2003 年第一台机组发电、2004 年 9 月底工程竣工。

4. 尼尔基水利枢纽工程

尼尔基水利枢纽是 1994 年国务院批准的《松花江、辽河流域水资源综合开发利用规划》中推荐的一期工程，是国家"十五"计划重点项目，也是国家实施"西部大开发战略"标志性工程之一。

尼尔基水利枢纽位于黑龙江省与内蒙古自治区交界的嫩江干流上，坝址右岸为内蒙古自治区莫力达瓦达斡尔族自治旗尼尔基镇，左岸为黑龙江省讷河市二克浅乡，距下游工业重镇齐齐哈尔市约 189km。嫩江发源于大兴安岭伊勒呼里山，由北向南流经黑龙江、内蒙古、吉林三省（自治区），在黑龙江省肇源县三岔河汇入松花江，干流全长 1370km，流域面积 29.7 万 km^2。尼尔基水利枢纽坝址地处嫩江干流的最后一个峡谷，扼嫩江由山区、丘陵地带流入广阔的松嫩平原的咽喉，枢纽坝址以上控制流域面积 6.64 万 km^2，占嫩江流域总面积的 22.4%，多年平均径流量 104.7 亿 m^3，占嫩江流域的 45.7%。

5. 满拉水利枢纽工程

西藏满拉水利枢纽工程位于西藏自治区日喀则市江孜县境内的年楚河上，坝址距下游的日喀则市 113km，距江孜县城 28km，坝址处海拔高程 4200~7200m。年楚河是雅鲁藏布江的支流，河流全长 217km。

满拉水利枢纽工程是年楚河流域规划的一期工程，坝址控制流域面积 2757km^2，占年楚河流域面积的 4.8%，水库总库容 1.57 亿 m^3，多年平均年发电量 0.61 亿 kW·h，是以灌溉、发电为主，兼有防洪、旅游等多种经济效益的水利工程。

满拉水利枢纽工程于 1994 年 8 月 25 日开始施工准备；1995 年 8 月 26 日主体工程开工，1996 年 11 月 20 日成功实现工程截流。1997 年 8 月全线贯通引水隧洞，1999 年 10 月第一次下闸蓄水，1999 年 12 月第一台机组正式并网发电，2001 年 8 月竣工。

6. 乌鲁瓦提水利枢纽工程

乌鲁瓦提水利枢纽工程位于新疆维吾尔自治区南部的和田县境内，是一座具有灌溉、防洪、发电、生态保护等综合效益的大（二）型水利建设项目，是和田河西支流——喀拉喀什河流域的控制性骨干工程，是国家"九五"期间重点建设项目。工程距和田市 71km，距乌鲁木齐市 1931km。坝址控制流域面积 19983km^2，总库容 3.47 亿 m^3，兴利库容 2.24 亿 m^3，电站装机容量 6 万 kW。工程具有灌溉、发电、防洪、供水、生态保护等综合利用效益。

7. 宁夏扶贫扬黄灌溉一期工程

宁夏扶贫扬黄一期工程主体工程于 1998 年 3 月开工建设，这是宁夏继固海扬水工程、陕甘宁盐环定扬黄工程之后的又一大型扬水工程，是国家"九五"重点建设项目。该工程简称"1236"工程，其中"1"代表 100 万亩耕地，"2"代表 200 万移民，"3"代表 30 亿元投资，"6"代表 6 年工期。

该项目主要建设内容由水利、供电、通信、移民和农田开发五大部分组成，包括红寺堡和固海扩灌两片灌区。工程总投资 36.69 亿元，开发土地 80.63 万亩，搬迁安置移民 40.51 万人。它北起中宁县古城风塘沟，经同心县至海源县李旺乡海家湾，总长 103km，由 7 座泵站和 7 条干渠组成，引水流量为 12.7m³/s，总扬程 274m，泵站总装机容量 19.97 万 kW。

8. 紫坪铺水利枢纽工程

紫坪铺水利枢纽工程是 2000 年经国务院批准的国家实施西部大开发的十大标志性工程之一，也是四川省委、省政府"十五"计划基础设施建设一号工程。

紫坪铺水利枢纽工程位于成都市西北 60km 的岷江上游，坝址距都江堰市区 9km，距世界闻名的都江堰渠首工程 6km。该工程是一座以灌溉和供水为主，兼有发电、防洪、环境保护、旅游等综合效益的大型水利枢纽工程。水库最大坝高 156m，总库容 11.12 亿 m³，电站总装机 76 万 kW，年平均发电量 34.17 亿 kW·h。工程总投资 69.76 亿元，工期为 6 年，2006 年底全部工程竣工。

该工程建成后，为都江堰终期灌溉 1400 万亩农田提供用水保障，提高岷江中游和成都平原防洪标准，使岷江上游下泄洪峰流量由 100 年一遇削减至 10 年一遇，直接保护都江堰、崇州市和温江、双流、新都等县的 29 个乡镇、72.2 万人的生命财产安全，保护耕地 600 多万亩及三个工业经济开发区。

9. 江垭水利枢纽工程

江垭水利枢纽工程位于湖南省张家界市境内的澧水一级支流溇水中游，大坝坝址在张家界市慈利县江垭镇上游 5km 处。坝址控制流域面积 3711km²，水库总库容 17.41 亿 m³，其中防洪库容 7.40 亿 m³，电站装机容量 300MW，多年平均年发电量 7.56 亿 kW·h。该枢纽工程以防洪为主，兼有发电、灌溉、航运、供水及旅游等综合效益。

10. 珊溪水利枢纽工程

浙江珊溪水利枢纽工程位于浙江省温州市境内的飞云江干流中游河段，由珊溪水库工程和赵山渡引水工程两部分组成。珊溪水库坝址控制流域面积 1529km²，占全流域面积 3252km² 的 47%。坝址多年平均年径流量 18 亿 m³，总库容 18.24 亿 m³。电站装机容量 20 万 kW，年平均发电量 3.55 亿 kW·h。

珊溪水库枢纽工程主要建筑物有大坝、开敞式溢洪道、泄洪洞、引水隧洞和发电厂房等。大坝为混凝土面板堆石坝，坝顶高程 156.8m，坝顶长度 448m，最大坝高 130.8m；开敞式溢洪道设在左岸山坡，溢洪闸 5 孔，每孔净宽 l2m；泄洪洞位于左岸，洞长 308m，城门洞形；在岸设有 2 条引水隧洞，洞径 7m，洞长分别为 354m 和 374m；发电厂房面积 89.8m×21.6m，装设 4 台 5 万 kW 水轮发电机组。

11. 百色水利枢纽工程

百色水利枢纽工程位于广西郁江上游右江河段上，坝址在百色市上游 22km 处，是珠江流域综合利用规划中治理和开发郁江的一座大型骨干水利工程，该项目被列入《中华人民共和国国民经济和社会发展第十个五年计划纲要》，也是西部大开发的重要基础设施项目之一，被列为国家实施西部大开发战略的重要标志性工程之一。

该工程是一座以防洪为主，兼顾发电、灌溉、航运、供水等综合利用效益的大型水利枢纽。百色水库总库容 56.6 亿 m³，其中防洪库容 16.4 亿 m³，水库调节库容 26.2 亿 m³，属不完全多年调节水库。该工程的开工建设对提高广西壮族自治区首府南宁市防洪标准，促进广西、云南的经济发展，带动右江革命老区脱贫致富，保障当地经济社会的可持续发展具有重要意义。

12. 飞来峡水利枢纽工程

飞来峡水利枢纽工程位于广东清远市东北约 40km 的北江河段上，是中华人民共和国成立以来广东省建设规模最大的综合性水利枢纽工程，它以防洪为主，兼有航运、发电、供水和改善生态环境等作用。该水利枢纽工程控制流域面积 34097km²，水库总库容 19.04 亿 m³，发电装机容量 140 万 kW，船闸可通过 500 吨级组合船队，是北江流域综合治理的关键工程。

飞来峡水利枢纽工程于 1994 年 10 月开工，1995 年 4 月完成一期导流工程。1998 年大江截流，1999 年 3 月水库蓄水，1999 年 10 月全部发电机组并网发电，工程全部完成。

13. 太浦河工程

太浦河工程——太湖流域调度工程是治太一期骨干工程中直接为解决太湖洪水东出黄浦江的一项重要工程，也是太湖流域"引江济太"等水资源调度向流域下游地区输水的重要骨干河道，全长 57.2km。

太浦河工程自建设运用以来，在抗御 1995 年、1996 年、1998 年三次常遇洪水及 1999 年流域特大洪水中，在抵御 2003 年、2004 年流域严重旱情中发挥了重要作用。特别是 1999 年太湖流域发生超标准洪水，通过太浦河工程共排泄太湖流域洪涝水 28.73 亿 m^3，发挥了显著的减灾效益，有效地减轻了洪涝灾害。

2002 年以来，太湖流域实施了"引江济太"调水工作，通过引长江水入太湖，维持太湖水位。结合雨洪资源利用，通过太浦河工程等环湖口门向太湖周边城市及下游地区增加供水，促进河湖水位流动，增加太湖流域水资源量，在一定程度上改善了受水区的水质和水环境。

14. 水布垭水利工程

水布垭水电站位于清江中游湖北巴东县与长阳县交界处，坝址在巴东县境内，是国家"十五"计划重点建设项目和清江流域开发的骨干工程，是目前世界上最高的面板堆石坝工程。

电站装机总容量 184 万 kW，设计安装 4 台 46 万 kW 水能发电机组，年平均发电量 39.84 亿 kW·h，坝顶高程 409m，最大坝高 233m，是世界上最高的面板堆石坝。该工程于 2002 年正式动工，2002 年 10 月截流，2007 年首台机组发电，2009 年全面竣工。

15. 台湾石门水库工程

台湾石门水库位于桃园市，水坝位于大汉溪的中游，横跨龙潭和大溪两个乡镇，坝高 133m。溢洪道有六座闸门，最大泄洪流量 11400m^3/s。并设有后池堰、发电厂、石门大坝及环湖道路，曾经是东南亚最大的水利工程。石门水库是台湾地区著名的人工湖之一，具有发电、灌溉、旅游等功能。

第4章 国内外调水工程建设

4.1 国内调水工程建设

4.1.1 问题的提出

据新华网 2010 年 9 月 17 日报道[14]：日本农业情报研究所所长北林寿信接受《环球时报》专访时，针对全球粮食问题，他强调了一个新观点：决定粮食问题最终的因素不是耕地和土壤，而是水资源，日本现在每年就在通过进口农产品等间接地从中国"进口"大量的水。他还强调耕地的问题其实不是"土"，而是"水"的观点，粮食危机最终还是"水危机"[14]。

图 4.1 粮食危机与水危机[14]

1. 全球水资源总量及其分布

据水文地理学家的估算，地球上的水资源总量约为 13.86 亿 km^3，其中 96.54% 是海洋水(13.38 亿 km^3)，淡水只占 2.5%。其中，约有 70% 的淡水冻结在南极和格陵兰的冰盖里，其余的大部分是大气水、生物水或是深层地下水，难以采集。供人类使用的江河、湖泊、水库及浅层地下水量不及世界淡水的 1%，约占地球上全部水资源总量的 0.0079，真正能够利用的淡水资源只有 10.95 万 km^3。[15]

世界水资源在地域上分布是不平衡的，资源数量相差很大，而最能反映水资源水量和特征的是年降水量和河流的年径流量。年径流量不仅包括降水时产生的地表水，而且还包括地下水的补给，所以世界各国通常采用多年平均径流深来表示水资源量。从各大洲水资源的分布来看，年径流深大洋洲(包括澳大利亚)最多，其次是南美洲，那里大部分地区位于赤道气候区内，水循环十分活跃。欧洲、亚洲和北美洲的降水量和径流深与世界平均水平相接近。而非洲降水多、蒸发也多，年径流深仅为 151mm。南极洲降水不多，但全部降水以冰川形态储存。世界各大洲陆地面积、年降水量及年径流量分布如表 4.1 所示[15]。

表 4.1　　　　　　　世界各大洲陆地面积、年降水量及年径流量分布[15]

洲名	陆地面积/($10^3 km^2$)	年降水量/mm	年径流深/mm
亚洲	43475	741	332
非洲	30120	740	151
北美和中美洲	24200	756	339
南美洲	17800	1596	661
欧洲	10500	790	306
大洋洲(含澳大利亚)	8950	3160	1605
南极洲	13980	165	165
全球	149025	798	314

世界各大洲陆地年径流总量为 46.8 亿 km^3(包括南极冰川径流在内)，折合平均径流水深为 314mm。1971 年全世界人口为 36.4 亿，人均年径流量为 1.29 万 m^3。1982 年世界人口增长到 45 亿，则人均占有径流量减为 1.04 万 m^3。据联合国估计，世界人口 20 世纪末已达到 60 亿，人均水资源量仅为 7770m^3，人均水资源的占有量在急剧下降[16]。

世界年径流量超过 10000 亿 m^3 的国家有巴西、加拿大、美国、印尼、中国、印度等。世界上人均占有年径流量超过 10000m^3 的国家有 40 多个，其中加拿大是人均年径流量最多的国家，达 12.96 万 m³/人；其次为新西兰，人均径流量达 9.464 万 m³/人。人均拥有水资源量较低的国家有阿尔及利亚、埃及、肯尼亚、沙特阿拉伯、叙利亚、匈牙利、荷兰等[16]。至 1971 年，全球可利用的水资源量列于表 4.2 中[16]。至 1994 年，全球六大洲的面积、人口、水资源量及潜在可利用量见表 4.3[17]。

表 4.2　　　　　　　　全球各大洲可利用的水资源量[16]

大陆 （包括岛屿）	年径流		占比/%	产水量			
	径流深 /mm	径流量 /km³		面积/ （1000km²）	径流模数 1/(s·km²)	人口（百万） （1971 年资料）	人均水量/ （1000m³/a）
欧洲	306	3210	7	10500	9.70	654	4.9
亚洲	332	14410	31	43475	10.50	2161	6.7
非洲	131	4570	10	30120	4.80	290	15.8
北美洲	339	8200	17	24200	10.70	327	25.1
南美洲	661	11760	25	17800	21.00	185	63.6
澳大利亚 （包括塔斯玛利亚）	453	348	1	7683	1.44	12.7	27.4
大洋洲	1610	2040	4	1267	51.10	7.1	287
南极洲	165	2310	5	13980	5.20	没有永久居民	—
全球	314	46848	100	149025	10.00	3637	12.9

表 4.3　　　　　1994 年全球六大洲的面积、人口、水资源量及潜在可利用量[17]

序号	洲名	面积/ （10⁶km²）	1994 年 人口/亿	水资源/ （亿 m³/a）			平均潜在可利用量/ （10³m³/a）	
				均值	最小	最大	每 km²	人均
1	亚洲	43.50	34.03	135100	118000	150000	310.57	3.970
2	欧洲	10.46	6.847	29000	24400	32100	277.25	4.235
3	非洲	30.10	7.08	40470	30730	50820	134.45	5.716
4	大洋洲	8.95	0.287	24000	18900	28800	268.16	83.624
5	北美洲	24.30	4.53	78700	66600	88200	323.87	17.373
6	南美洲	17.90	3.145	120300	103300	143500	672.07	38.251
	合计	135.21	55.92	427570	361930	493420	316.23	7.646

据统计，至 2020 年底世界人口已达到 75.43 亿，则目前世界人均水资源量仅仅只有 $6211m^3$。2020 年底及 2021 年 7 月，全球六大洲的水资源量及潜在可利用量分别见表 4.4 和图 4.2。

表 4.4　　　**2020 年全球六大洲的面积、人口、水资源量及潜在可利用量**

序号	洲名	面积 /(10^6m^2)	2020 年 人口/亿	水资源 /(亿 m^3/a)			潜在可利用量 /(10^3m^3/a)	
				均值	最小	最大	每 km^2	人均
1	亚洲	43.50	45.40	135100	118000	150000	310.57	2.976
2	欧洲	10.46	7.42	29000	24400	32100	277.25	3.908
3	非洲	30.10	12.80	40470	30730	50820	134.45	3.162
4	大洋洲	8.95	0.41	24000	18900	28800	268.16	58.537
5	北美洲	24.30	5.50	78700	66600	88200	323.87	14.309
6	南美洲	17.90	3.90	120300	103300	143500	672.07	30.846
	合计	135.21	75.43	427570	361930	493420	316.23	5.626

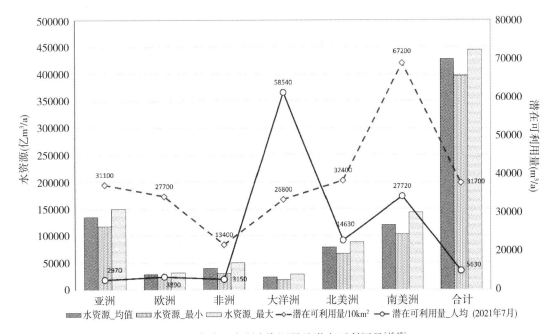

图 4.2　全球六大洲水资源量及潜在可利用量[15-17]

2. 全球水危机

20 世纪 50 年代以后，全球人口急剧增长，工业发展迅速。在半个多世纪的时间里，世界人口增加了 2 倍，而人类用水量增加了 5 倍。其中，农业用水量增长了 5 倍，工业用水量增长了 26 倍，市政用水量增长了 18 倍。一方面，人类对水资源的需求以惊人的速度扩大；另一方面，日益严重的水污染蚕食大量可供消费的水资源。

2003 年 3 月 16 日至 23 日，在日本举行的第三届世界水资源论坛上，联合国水资源世界评估报告提供的数据显示，全世界每天有 200 多万 t 垃圾倒进河流、湖泊和小溪，每升废水会污染 8 升淡水；所有流经亚洲城市的河流均被污染；美国 40% 的水资源流域被加工食品废料、金属、肥料和杀虫剂污染；欧洲 55 条河流中仅有 5 条水质差强人意[18]。

进入 21 世纪，随着人口的增加，用水量也在不断增长。世界上许多国家正面临水资源危机：12 亿人用水短缺，30 亿人缺乏用水卫生设施，每年有 300 万到 400 万人死于和水有关的疾病。预测到 2025 年，水危机将蔓延到 48 个国家，35 亿人为水所困。水资源危机带来的生态系统恶化和生物多样性破坏，也将严重威胁人类生存。

水危机不仅阻碍世界可持续发展，还威胁着世界和平。过去 50 年中，由水引发的冲突共 507 起，其中 37 起有暴力性质，21 起演变为军事冲突。专家警告说，随着水资源日益紧缺，水的争夺战将愈演愈烈。

21 世纪，各类与水相关的问题不断涌现，归纳起来就是水资源短缺、洪水威胁、水污染和荒漠化四个大问题。水资源的短缺表现为：在全球各地已经出现越来越多的河流干涸，湖泊面积不断缩小，人类严重缺水；洪水威胁的表现为洪灾损失越来越大。而人口不断膨胀，工业飞速发展，又使得有限的水资源被污染，所以缺水问题日趋严重。由于缺水，沙尘暴肆虐，沙漠面积不断增大[18]。表 4.5 为 21 世纪全球水危机问题[18]。

表 4.5　　　　　　　　　　　**21 世纪全球水危机**[18]

地区	主要水问题
亚太地区	饮用水问题：在亚洲 1/3 的人口缺乏安全的饮用水。每年有 50 万婴儿死于不卫生饮用水。 水污染问题：许多国家的水污染问题突出，污染物超过世界卫生组织标准的 10 倍。 水资源短缺：南亚的农业用水占总用水量的 90%。亚洲人均淡水量由 1990 年的 4200m³，降至 2020 年的 2970m³。西亚的地下水开采远大于回灌率①

---

① Asia Development Bank. Developing Best Practice for Promoting Private Sector Investment in Infrastructure-water Supply，Report，2000.

地区	主要水问题
非洲	水资源稀缺：预测至2025年有25个国家用水紧张，达3亿人缺乏卫生安全的食用水供应，邻近撒哈拉的国家近51%的人口没有卫生安全的供水，41%的人口缺乏排水系统。目前，已有14个国家用水紧张。 时空分布不均衡：水资源的自然变化及缺乏全流域的规划加剧了水资源问题。 农业用水及地下水：农业灌溉用水占总用水量的88%，地下水资源没能得到有效保护。 防灾减灾：缺乏减灾和防灾手段，洪水、干旱、风暴、移民和慢性疾病困扰着这一地区
欧洲及中亚	饮用水：在东欧和中亚，许多地方缺乏合适的饮用水资源。 用水增长：用水总量不断增加。在地中海国家，农业用水占60%，而在中亚国家，占到90%。一半以上的欧洲城市地下水超采。工业和城市用水占到总用水量的55%，至2025年用水量将加倍。 水质恶化：许多国家的地下水遭到氮、杀虫剂、重金属及碳水化合物的污染
拉丁美洲	地下水污染和枯竭：工矿、农业的不断增长，释放出大量重金属、富营养物、化学和有毒物质。 环卫：仅2%的生活废水得到处理，健康和环境问题不容乐观。 用水和水权：在政策层面上，许多国家未能采用整体、有效、综合手段处理、协调水环境承载力，以及水权和不同用户之间的矛盾
北美洲	地下水：由于人口增长，市政、工农业用水需求的膨胀，导致地下水，特别是深层地下水的枯竭。 水污染：加拿大和美国是全球人均用水最多的国家，农药化肥及非点源的污水已严重污染了地下水和地表水

中国水资源矛盾更为突出：沙漠南侵，黄河断流，水土流失，长江变黄，生态恶化，水源匮乏已经对中华民族生存和发展的基础构成重大威胁。如今，一半以上的国土资源受到侵蚀和沙化，沙锋所向，直逼京畿。

20世纪90年代以来，直至小浪底工程发挥作用前，整个华北平原已无一条常流河。黄河年年断流，原来携带入海的几十亿吨泥沙，大部分留在"天上悬河"的主河槽，一旦遇上较大洪水，黄河决口改道的灾难，完全可能再现于当世。

中国水资源南北方配置极不均衡：1998年，南方长江发生特大洪水，而北方黄河水流入海时间只有5天；另一方面：西南每年近6000亿 m³ 的优质水资源白白流出国境；而西北十年九旱，水价甚至曾经高达每吨800多元。

中国国土面积 960 万 km²，绝大部分人口、城市和许多工业集中在 100 万 km² 的江河冲积平原的东部地区，特别是东南沿海地区。这里地势低洼，几乎年年受到洪水的威胁。

1998 年，长江发大水，为了保证荆江地区及长江中下游的安全，荆江大堤"严防死守"，取得了伟大胜利。换一个角度看问题，面对成百上千万人民的生命财产，使我们不得不严防死守一个分洪区，说明这种东西部、南北方资源、人口和经济发展布局再也不能延续下去了。

民以食为天，食从水土生——这是两条永恒不变的经济自然法则。20 世纪 90 年代以来，黄河断流愈演愈烈。到了 1997 年，黄河竟有 330 天无水入海，入海水量不到 20 亿 m³，而在 80 年代，黄河入海水量年均近 300 亿 m³。1998 年，黄河水流真正入海的时间只有 5 天，简直令人难以置信。黄河原来是整个华北平原仅存的最后一条常流河，断流到如此程度，标志着北方水资源的利用已近极限。

中国南方和北方水土资源配置极度不平衡，几千年来一直南粮北运。但在 1990 年前后，南粮北运格局被打破，甚至粮食的流向彻底掉转，这只是新中国成立以来短短几十年间发生的事。其中发挥关键作用的是东北的那片黑土地——从"北大荒"到"北大仓"，如今这里是全国最大的商品粮生产基地。大米、大豆、玉米，是"北大仓"为全国作出的最突出贡献。

全国每年粮食流通总量近 2 亿 t，其中半数左右是"北粮南运"。这是一条保障粮食区域供求平衡的"大动脉"。通过火车、汽车和轮船，黑龙江、吉林、辽宁、内蒙古等地的粮食每天源源不断地运往广东、浙江、福建等地。

3. 短线约束

北方地多水少，南方地少水多。为打破南北双方各自的短线约束，由于土地不能移动，逻辑上只有调人、调粮和调水三种可能，只有在全国范围内调配和整合水土资源，把南方的水与北方的地交叉匹配起来利用。

中国人不仅要实现小康，还要过上富裕的生活。要使中国基本实现现代化，这需要中国基本完成工业、农业、科技和国防的现代化，城镇人口在 80% 以上。而所有这些，都意味着更多的资源投入，其中当然包括水资源。

图 4.3 为中国历次人口普查总人口。由图 4.3 可知，中国总人口由 1953 年的 5.826 亿人增长到 2020 年的 14.1178 亿人，增加了 8.2918 亿人。由第七次全国人口普查结果知，2020 年 11 月 1 日零时中国大陆总人口为 141178 万人。与第六次全国人口普查 2010 年 11 月 1 日零时的 133972 万人相比，10 年共增加 7206 万人，增长了 5.38%，年平均增长率为

0.54%。由此看来，虽然中国人口增长率呈下降趋势，但是人口还是在不断增长。历次人口普查的人口数和增长情况见表4.6^[19]。

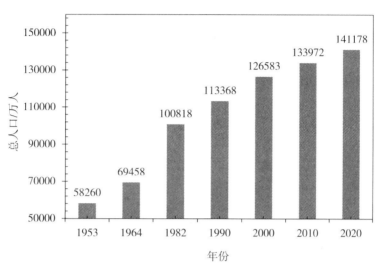

图 4.3 中国历次人口普查总人口

（资料来源：所有数据均来自历次普查官方公布的数据）

表 4.6 历次人口普查人口数和人口增长情况（**1953—2020 年**）[19]

序号	普查时点 （年月日）	普查时点上的 总人口数/万人	相对上一次普查的 人口增长量/万人	相对上一次普查的 增长率/%	相对上一次普查的 年平均增长率/%
1	1953-7-1	58260	—	—	—
2	1964-7-1	69458	11198	19.22	1.61
3	1982-7-1	100818	31360	45.15	2.09
4	1990-7-1	113368	12550	12.45	1.48
5	2000-11-1	126583	13215	11.66	1.07
6	2010-11-1	133972	7369	5.84	0.57
7	2020-11-1	141178	7206	5.38	0.53

　　除此以外，从 20 世纪 80 年代到 20 世纪末，中国沙化面积从原来每年增加 2100km² 增加到每年扩展 2400km²，水土流失面积每年扩展 1 万 km²。水源污染比 80 年代初翻了一番以上，受到侵蚀和污染的耕地已达 10 亿亩。统计显示有一半多的耕地资源受到各类侵蚀，每年的经济损失以数千亿元计。21 世纪以来，加大了治理力度。经过 21 世纪 20 多年

的治理，全国水土流失不断增加的趋势得以遏制。据统计，截至 2014 年，我国沙化土地总面积还有 17211.75 万 hm^2，占国土总面积的 17.93%，对我国的农业、林业及粮食与生态安全等造成了重大的经济损失[20]。此后 10 年间，进一步加大治理力度，中国完成治沙任务 2033 万 hm^2，53% 的可治理沙化土地得到治理，荒漠化、沙化土地面积分别比十年前净减少 500 万 hm^2、433 万 hm^2。但是，我国仍然是全球沙化现象较为严重的国家之一。①

4.1.2　如何摆脱困境

1. 方案分析

1）调人

先看以人就水：单考虑水，似乎可以让新增的人口迁移到南方以人就水，可以大体解决居住与就业问题。但是，西南海拔太高，崇山峻岭，无法承载更多的人口。所以，大部分人还是要去东南沿海人口已经过分密集的平原地区。

人来了，居住就要占地，生存、生产也要占地。势必使南方的耕地更加短缺，从而把南方的短线约束绷得更紧，供粮水平进一步下降。

因此，想把新增人口安排到南方，只有从北方更大规模地向南方调粮。

2）调粮

再看调粮：粮从水土生，要增产粮食，不仅要有地，还必须要有水。北方的水资源利用已接近极限，地再多也无用武之地。在北方现有水资源的约束下，如果不调水，今后北方继续大幅度增产粮食的潜力已经无从落实。

3）调水

再看以水就人：北方的国土面积和矿产资源占全国的近 60%，耕地占全国的近 2/3，所生产的粮食占全国的 60%，而人口只占全国的 44%。

整个北方还有 30 多亿亩可利用草场，大部分耕地后备资源（约 2 亿亩），沙漠、戈壁等 16 亿多亩，水资源只占全国的不到 20%。中国大西北干旱区的平原面积约有 200 万 km^2，所居人口不足全国的 10%。这些地方只要有了适量的水源，增产粮食的潜力非常之大。如果能从南方向北方调水 2000 亿 m^3 左右，使北方的可用水资源增至 4000 亿~

---

① 生态中国网. 中国 10 年来完成治沙任务 2033 万公顷，2023-08-22.

4500 亿 m³，北方可再多承载 3 亿左右的新增人口。

一方面，我国东部江河冲积平原面积仅 100 万 km²，居住着 70%~80% 的人口，需要不断加高、加固江河湖海的堤防围堰，才能勉强维持生存和发展。与其把与日俱增的资源用于加高、加固堤防围堰，年复一年地抗洪抢险，防洪救灾，不如大规模调水以分其势，另辟空间；另一方面退耕还湖以畅其流，兴利去害。所以，在以人就水、调粮与以水就人三种逻辑可能中，以水就人实乃最优之举。它以水资源的调配为中心，把防洪、抗旱以及国土整治有机地结合起来，可谓一举多得，事半而功倍。

2. 解决问题的思路

黄河断流、长江变黄，就是我们以传统发展方式奔小康付出的沉重代价。中国人均水资源只有 1983m³，仅及世界平均水平的 1/3 不到，水资源总量只有全球总量的 6%，人口约占全球的 20%。几十年的透支和欠账，使原本可怜的自然资源雪上加霜。

在 21 世纪，我们在从小康走向富裕、强国富民的进程中，必须大规模地进行国土整治，逆转恶化的生态和环境。而国土整治的中心环节，就是要实现水资源的重新调配。

跨流域调水技术，大规模地南水北调，实现对中国北方及大西部地区全面的实质性开发，有效地容纳新增的 4 亿多人口，使之有粮可食、有地可居、安居乐业。

3. 可行性分析

水土流失、耕地草场沙化、沙漠东侵南下、黄河淤积断流，诸多因素使中国资源总量下降、质量恶化，源头大多出于西北地区，煤炭、石油、天然气、稀土等重要战略资源大多蕴藏在这里。所以，南水北调与国土整治的中心内容是建立新的西北经济重心区。

中华人民共和国成立 70 多年来，由于工业化建设的紧迫性和财力所限，难以实现大规模的跨区域调水，致使我们在大西北地区基本上处于被动防御态势，未能有效遏制沙漠化的猖狂进攻。

2021 年的全国固定资产投资达到 51.71 万亿元。2022 年，中国一年的全社会固定资产投资已达 54.24 万亿元。随着国力增强、技术进步，完全有能力在西北地区实施大规模的战略反攻。收复失地，重整河山，调水兴利除害，变"心腹大患"为进一步发展的战略纵深与腹地。

深根、固本、培元，为中华民族在 21 世纪的腾飞，铸就千年不坏之基。

4.1.3　修建南水北调工程的伟大意义

中国人是龙的传人，龙是治水之神，大陆季风气候和 70% 的山地丘陵造成自然灾害频发。但是，独特的地理气候条件，也造就了以水利工程立国兴业的历史传统：大禹治水使黄河流域分散的部族集合凝聚成中国的雏形；郑国渠等水利工程的建设使秦国强大最终完成了"横扫六国、并吞八荒"的伟业；都江堰的建设，把巴蜀蛮荒之地变成天府之国成为大汉争天下的战略基地；京杭大运河贯穿南北实现了经济重心区从黄河流域向长江流域的转移，不仅奠定了盛唐的物质基础，而且为明、清两朝定都北京，向北、向西大规模地开疆拓土，发挥了两千余年的伟大历史作用。

由此可见，南水北调工程是解决中国北方水资源严重短缺问题的特大型基础设施项目，其建设目的是通过跨流域的水资源合理配置，保障经济、社会与人口、资源、环境的协调发展。

当前，我们再次处在具有历史意义的转折关头：北粮南运意味着中国以水利工程立国兴业方向的历史转折，依托东部集聚多年的强大经济实力，掉转头来，从东向西，随着南水北调超大型水利工程的建设和运行，全面实质性开发大西北。在回族、蒙古族、藏族、维吾尔族集中的地区，关系国运的水利工程与国土整治，从此成为主要少数民族全体参与的壮举。

"欲求木之长者，必固其根本；欲流之远者，必浚其泉源。"水资源的近忧和远虑，国土资源的退化和衰竭，构成中华民族生存和发展的心腹血脉之患。

中华人民共和国成立以来，经过 70 多年的和平建设特别是 40 多年的改革开放，国力明显增强。审时度势，实施发展战略方向的历史性转折，在全国范围内统筹规划，以水资源调配为中心，展开大规模的国土整治，调整人口、资源、环境和经济可持续发展的战略布局，需要大智大勇、百折不挠的民族英雄，需要一代、几代甚至十几代人的艰苦奋斗。

1. 工程背景

1952 年，毛泽东在视察黄河时提出"南方水多，北方水少，如有可能，借点水来也是可以的"宏伟设想。1972 年，中国在汉江兴建丹江口水库，为南水北调中线工程的水源开发打下基础。

1992 年，南水北调的实施被提上国家议事日程。经过广大科技工作者持续几十年的调研工作，在分析比较了 50 多种方案的基础上，形成了分别从长江下游、中游和上游调水的东线、中线和西线三条调水线路。

2. 工程布局

1）东线工程

从长江下游江苏省扬州江都抽引长江水，利用京杭大运河及与其平行的河道逐级提水北上，并连接起调蓄作用的洪泽湖、骆马湖、南四湖、东平湖。出东平湖后分两路输水：一路向北，经隧洞穿黄河，流经山东、河北至天津，跨越长江、淮河、黄河、海河四大流域，输水主干线长 1156km；一路向东，经济南输水到烟台、威海，输水线路长 701km。

2）中线工程

从长江中游北岸支流汉江加坝扩容后的丹江口水库引水，跨越长江、淮河、黄河、海河四大流域，可基本自流到北京、天津。输水总干线长 1267km。

3）西线工程

在长江上游通天河、支流雅砻江和大渡河上游筑坝建库，开凿穿过长江与黄河的分水岭巴颜喀拉山的输水隧洞，调长江水入黄河上游，补充黄河水资源的不足，主要解决涉及青海、甘肃、宁夏、内蒙古、陕西、山西等黄河上中游地区和渭河关中平原的缺水问题。

在规划的 50 年间，南水北调工程总体规划分三个阶段实施，总投资将达 4860 亿元人民币。

2002 年 12 月 27 日，世界上迄今为止最大的水利工程——南水北调工程正式动工。

3. 南水北调中线工程

南水北调中线工程起点——丹江口水库。丹江口水库大坝是我国于 1973 年在长江支流上建成的首座大坝，位于湖北省丹江口市汉江干流及其支流丹江的汇合口下游 800m 处。大坝加高工程是南水北调中线关键控制性工程，将坝高由原来的 162m 加高到 176.6m，库容由 174.5 亿 m^3 增加到 290.5 亿 m^3，以满足调水需求。

主要作用：向海河流域的京、津、唐地区供水；还可用于改善和增加灌溉面积，增加生态环境供水等其他方面；减轻水土污染；改善生产条件；提高经济实力；提高国力。

4.1.4 国内其他调水工程

1. 引大入秦工程

甘肃省引大入秦工程是将发源于青海木里山的大通河水跨流域调入甘肃省兰州市秦王川地区的一项大型水利骨干工程，也是中华人民共和国成立以来该省兴建的最大水利项目。这一工程的建成，对于解决秦王川地区乃至兰州、白银两市的干旱缺水矛盾，改变农业生产基本条件，改善区域生态环境，统筹农业、工业、城乡生活、生态用水，促进经济社会全面协调可持续发展提供了水资源支持，起到了重要的长远的基础性作用。

引大入秦工程地跨甘青两省四市六县(区)，包括渠首引水枢纽、总干渠、东一、二干渠、电灌分干渠、黑武分干渠、69 条支渠及斗渠以下田间配套工程，干支渠长达 1265km，设计引水流量 32m³/s，加大引水流量 36m³/s，年引水量 4.43 亿 m³，概算总投资 28.13 亿元。工程 1976 年开工，1981 年缓建。1987 年，申请世界银行贷款 1.23 亿美元，同年全面复工建设。1994 年，总干渠建成通水，1993 年、1995 年，东一、二干渠先后建成通水，1998 年、2000 年，东二干黑武分干渠、电灌分干渠分别建成通水。现在主体工程已全面完工，累计建成支渠、分支渠 62 条 780km。灌溉面积 73.47 万亩，安置移民 56442 人。

工程通水运行以来，灌区农业生产基本条件得到根本性改善，综合开发和新农村建设步伐加快，基础设施不断完善，项目建设取得突破性进展，人民生活水平逐步提高，为兰州、白银两市经济社会全面发展奠定了坚实基础。

2. 引黄济青工程

引黄济青工程是中国山东省境内一项将黄河水引向青岛的水利工程(跨流域、远距离的大型调水工程)。它是"七五"期间山东省重点工程之一，也是山东省近几十年以来最大的水利和市政建设工程。

作用：工程从黄河引水到青岛，具有引水、沉沙、输水、蓄水、净水、配水等设施，功能齐全，配套完整，已经是青岛市主要用水的来源，并使青岛摆脱了缺水的困难。

在经济上，根据青岛市估算，该工程将为青岛增加经济效益 300 多亿元，使得高氟、咸水区的居民喝上了甜水，为渠首所在的博兴县提供农业灌溉用水近 10 亿 m³，沿途城乡也得到 61 亿多 m³ 的供水，可增加粮食 5.1 亿多千克。

在地理上，有效地补偿了地下水，回灌补源约 6 亿 m³，防治了海水内侵的危害。

3. 引滦入津工程

引滦入津工程是中国大型供水工程，1983 年 9 月建成。整个工程由取水、输水、蓄水、净水、配水等工程组成。工程自大黑汀水库开始，引滦河水，经黎河、于桥水库，专用明渠至尔王庄泵站。以下分两路进入天津市：一路由明渠入北运河、海河；另一路由暗渠、暗管入水厂。输水总距离为 234km，年输水量约 10 亿 m³，设计流量为 60~100m³/s。

引滦入津工程将河北省境内的滦河水跨流域引入天津市的城市供水工程，水源地位于河北省迁西县滦河中下游的潘家口水库。由潘家口水库放水，沿滦河入大黑汀水库调节。引滦工程总干渠的引水枢纽工程为引滦入津工程的起点，穿越分水岭之后，沿河北省遵化市境内的黎河进入天津市境内的于桥水库调蓄，再沿州河、蓟运河南下，进入专用输水明渠，经提升、加压由明渠输入海河，再由暗涵、钢管输入芥园、凌庄、新开河 3 个水厂。

主要工程包括河道整治、进水闸枢纽、提升和加压泵站、平原水库、大型倒虹吸、明渠、暗渠、暗管、净水厂、公路桥，以及农田水利配套、供电、通信工程等。工程缓解了天津市的供水困难，改善了水质，减轻了地下水开采强度，使天津市区地面下沉趋于稳定。

4. 引碧入连工程

引碧入连工程是以大连城市供水为主，兼顾沿途农业用水、中小城镇用水的跨流域调水工程。大连市是沿海缺水城市之一，1986年竣工的碧流河水库位于大连市东北170km处，总库容9.34亿 m^3，年调节水量4.03亿 m^3，是大连市的重要水源地。为缓解城市供水困难，先后建设了引碧入连一期、二期应急供水工程，每年只能为城市供水2亿 m^3，远不能满足城市用水需求，当时已成为大连市经济及社会发展的制约因素。

引碧入连工程分为北、南两段。北段始于碧流河水库坝下，止于洼子店水库左坝头受水池，为主要的引水工程；南段为进入城区的受水工程。

工程主要由取水头部及输水总干线、防洪工程、分水枢纽等组成。输水总干线全长67.75km，天然落差25m，包括暗渠、倒虹吸、隧洞等主要建筑物。地震设计烈度为Ⅶ度，供水流量为13.89 m^3/s，总干渠渠首最大供水流量为15.05 m^3/s，年总供水量为3.33亿 m^3。

5. 泰州引江河工程

泰州引江河工程既是国家南水北调的水源工程，也是江苏开发"海上苏东"的战略工程。泰州引江河工程是一项以引水为主，灌溉、排涝、航运、生态、旅游综合利用的大型水利设施，位于江苏省泰州市与扬州市交界处，南起长江，北接新通扬运河，全长24km，沿线兴建10座跨河桥梁。工程1995年11月开工，1999年9月主体工程(河道、桥梁、泵站枢纽)投入运行，2002年10月竣工，2004年6月通过竣工验收。总投资近12亿元人民币。

泰州引江河工程的龙头——高港枢纽，距长江1.9km，由泵站、节制闸、调度闸、送水闸、船闸和110kV专用变电所组成。泵站安装立式开敞式轴流泵9台套，叶轮直径3.0m，配套电机2000kW，总装机容量1.8万kW，单机抽水能力34 m^3/s，总抽水能力306 m^3/s。泵站采用双层X形流道，通过闸门调节，实现了抽引、抽排双向运用。节制闸共5孔，设计流量440 m^3/s，加上泵站底层流道过水能力160 m^3/s，高港枢纽总引水能力600 m^3/s。4孔调度闸，3孔送水闸，设计流量均为100 m^3/s。船闸闸室长196m，宽16m，槛上水深3.5m。

6. 淮河入海水道工程

淮河入海水道工程是承泄洪泽湖洪水的重要防洪工程，配合现有的入江水道、分淮入沂等工程，可使淮河下游和洪泽湖大堤防洪标准近期达到 100 年一遇，远景达到 300 年一遇。1991 年 11 月《国务院关于进一步治理淮河和太湖的决定》（国发〔1991〕62 号）再次明确："'九五'期间建设入海水道，使洪泽湖大堤，达到百年一遇的防洪标准"。淮河入海水道一期工程于 1998 年 10 月经批复正式开工建设。2006 年 10 月 21 日全面建成并通过水利部和江苏省人民政府共同主持的竣工验收。二期工程列入"十一五"中央水利基本建设计划，先期工程 2019 年展开，2022 年 7 月 30 日正式开工建设。

　　淮河入海水道工程曾经是江苏省规模最大的单项水利工程、江苏省建设速度和整体发挥效益最快的大型水利工程、江苏省最大的水利环保生态工程、江苏省最早全面推行"三制"的大型公益型水利工程、亚洲最大的河道立交工程、筑堤难度最大的单项水利工程、江苏省土方施工机械化程度最高的水利工程、江苏省有史以来单项水利工程获奖最多[21]。图 4.4 为淮河入海水道工程实景图。

图 4.4　淮河入海水道工程实景图[21]

4.2　国外调水工程建设

　　本节从介绍美国加州调水工程入手，介绍国外调水工程建设情况，以期对我国正在进行的南水北调工程及其他调水工程提供一定的参考。

4.2.1　美国加利福尼亚州调水工程

　　加利福尼亚州调水工程简称加州调水工程，始建于 20 世纪 60 年代，为解决美国加利福尼亚州水资源分配的不均衡起到了至关重要的作用，也为加州的经济社会发展作出了杰出贡献，同时也是世界长距离调水工程的典范。

1. 加利福尼亚州概况

美国加利福尼亚州（以下简称加州）位于美国西海岸，西滨太平洋，北与俄勒冈州、东与内华达州及亚利桑那州接壤，南临墨西哥，面积共 411013km²，总人口约为 3260 万人。加州的土地面积列全美第三位，人口列全美第一位。

加州是美国第一农业大州，盛产水果、小麦、家禽等农畜产品；食品工业在美国居于首位，其次是飞机制造业、火箭工业等，世界上最大的飞机制造公司——波音公司就在加州。1999 年，加州的国内生产总值为 98083 万亿美元，列全美第一位，此后加州的国内生产总值一直在美国名列前几名。截至 2021 年，其年国内生产总值超过 3.2 万亿美元，年人均收入超过 8 万美元。

2. 加州的气候及水资源分布特点

加州气候冬季湿凉，夏季温暖干燥。横穿全州的大气高压带使加州夏季以晴朗天气为主，只有少许的降雨。冬季高压带南移，将全州控制在太平洋气压中，使得这个季节的气候多雨雪。加州的大部分水汽来源于太平洋，年平均降雨量大约为 584mm，65% 的降雨量在蒸发或者植被传送过程中消耗掉，剩余的 35% 则形成地表径流，不到 50% 的地表径流用在了农业灌溉和城市的工业和人口需求中。

加州超过 70% 的降雨量集中在北部地区，其中约 40% 的降雨集中在北部沿海岸地区，约 30% 的降雨集中在中部偏北地区的萨加门多河流域。

但加州的大中城市和农业用地多集中分布在中部和南部地区，这些地区年用水量总和占加州全年用水量的 75%，其中原因是全州一半的人口集中在南部地区；最大的灌溉农田分布在加州中部地区，那里是全世界粮食产量最高的农业区。这种资源的分布和需求的不协调使得整个加州的大多数流域都处于调水或引水状态。

加州全年 75% 的降水量分布在 11 月份到来年的 3 月份之间，其中一半的降雨集中在 12 月到 2 月。冬季的大规模集中降雨可以解决加州全年的用水需求，但可能会导致夏季出现严重的干旱情况，除非有额外的降水或者降雨期延长。而全州需水量最大的时期分布在夏季和冬末，客观上使加州水资源供给和需求产生了时空上的矛盾。

加州年降水量分布极不均衡，有着明显的气候性差异。全球变暖导致加州天气事件频发，如干旱、洪水等，干旱是加州的常见现象。如 1986 年的洪水过后连续 6 年的干旱；1997 年 1 月份的大洪水过后，紧接着从 2 月至下年的 6 月又是连续严重干旱。

加州 30% 的农业灌溉和城市用水来源于地下水，当发生干旱的时候，过量地开采地下水，导致了地下水水位的降低，在一定程度上破坏了地下水可持续的良性循环。

为了保证加州稳定的水量供应，20 世纪 30 年代开始，加州先后建设了一批水利工程，这些水利工程大大缓解了加州的用水需求矛盾。

随着人类活动的增多，大气中 CO_2 浓度的增高，全球的气候有着变暖的趋势，很多专家预言未来一个世纪内温度将会上升 2~5℃。对于加州来说，如果发生全球气候变暖，可能导致冬季雨雪更多，而夏季则更少，季节性差异将更加明显。

图 4.5 为美国加州各地区降雨量年内分配情况[6]。

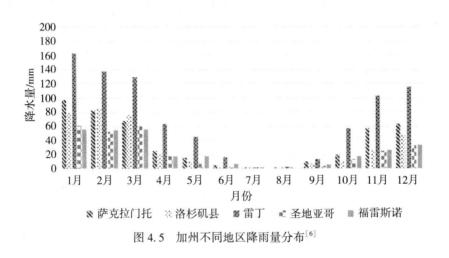

图 4.5　加州不同地区降雨量分布[6]

3. 加州调水工程建设背景

无论是加州现在的社会经济发展还是未来长久的繁荣，都离不开充足的水资源供给。从 20 世纪 30 年代开始，加州政府就十分重视水利工程的修建，以解决州内水资源供求上的矛盾。先后修建了中央河谷水利工程，加利福尼亚调水工程，科罗拉多河水利工程和洛杉矶水渠等，其中最著名也最为重要的是加利福尼亚调水工程(以下简称加州调水工程)。

加州调水工程，是美国为解决加利福尼亚州中部和南部地区干旱缺水及城市发展需要而建设的 4 项调水工程之一，其部分目标与中央河谷工程相同，并把调水范围延伸到加州南部的洛杉矶地区。该工程原称为费瑟河及萨克拉门托-圣华金三角洲引水工程，于 1951 年由加州议会批准，由加州政府投资兴建，全部工程分两期完成：第一期工程于 1959 年开工，1973 年底主要工程竣工，可供水 28 亿 m^3，丰水年可达 37 亿 m^3。第二期工程 2000 年前后完成，供水量可达 52 亿 m^3。

在加州 411013km² 的占地面积内，有沙漠和亚热带高山分布，水资源有着明显的地域性差别。当一些地区苦于 51mm 的年降雨量时，另一些地区却为 2540mm 的年降雨量而烦恼。而且在许多水资源供给不足的地方，人口却越来越密集。更好地储存和控制水资源，把水资源调送到最需要的地区是加州调水工程建设的基本思路。

"二战"之后，加州人口数量的增长与水资源供给之间的矛盾日益突出，于是在 20 世纪 40 年代末提出了修建加州水利工程的设想；并于 50 年代得到了充分的论证；1951 年，联邦政府议会批准了加州水利工程并且为详细的研究拨出专项资金。1959 年立法机关通过了 Burns-Porter Act 法案，批准发行 17.5 亿美元的债券进行最初的工程建设，在 60 年代由全州人民投票通过该法案；以后在大约十几年的时间，加州调水工程完成了一期工程建设内容。

4. 加州调水工程组成

加州调水工程是长距离调水工程，工程的供水系统由 32 个水库、18 个泵站、4 个抽水蓄能电厂、5 个水力发电厂、1065km 长的水渠和管道组成。其中，包括著名的奥罗维尔大坝、雁翎河水库、加州水渠、南湾水渠、北湾水渠和圣路易斯水库等。

在加州有超过三分之二的公民或多或少地受益于该工程供应的水。不仅如此，工程还能给数以万计工厂和成千上万亩的农田灌溉供水。

加州调水工程主要调水路线是：在萨克拉门托河支流费瑟河北支上游兴建 5 座小型水库（费伦奇曼湖、安蒂洛普湖、戴维斯湖、阿比桥湖和迪克西雷夫奇湖，总库容 2.76 亿 m^3），在费瑟河干流上游兴建大型水库-奥罗维尔湖（Orovill，总库容 43.6 亿 m^3）。从该水库放出来的水经费瑟河与萨克拉门托河下泄后到达胡德（Hood），然后分成两支，主流继续沿萨克拉门托河下泄，另一支沿三角洲周边渠道输水。两支穿越萨克拉门托-圣华金三角洲到达其南部的克利夫顿考特（Clifton Court）前池，经三角洲泵站将 292m^3/s 的水提升 74m 后进入贝瑟尼（Bethany）水库，经加利福尼亚水道自流 108km 进入奥尼尔前池（O'Neill），由泵站抽水入加州调水工程与中央河谷工程共用的圣路易水库（San Luis，总库容 25.1 亿 m^3）。

由圣路易斯水库起，主流继续沿加利福尼亚水道向东南方向流动，经多斯博卡斯（Dos Bocas）、比尤纳维斯塔（Buena Vista）、惠勒里奇（Wheeler Ridge）和温德加普（Wind Gap）4 级泵站（总扬程 326m）提升，到达埃德蒙斯顿（Edmonston）特大泵站，该泵站将水提升 587m，再经过总长达 12.7km 的 2 条隧洞、4km 长的 2 条虹吸管道穿越塔哈查皮山（Tehachapi）至塔哈查皮后池，主水道经梨花（Pearblossom）泵站和莫哈韦（Mojave）虹吸管道至锡尔弗伍德（Silverwood）湖，再经圣贝纳迪诺（San Bernardino）隧洞、德弗尔峡（DevilCanyon）水电站和圣安娜（Santa Ana）管线，最后到达佩里斯（Peris）湖，向加州南部洛杉矶地区供水。

1）渠首工程

渠首工程即为加州水利工程的水源工程。加州水利工程起始于雁翎河支流上的戴维斯湖、法兰西人湖和安提罗普湖，沿着雁翎河的支流，水自流到巴特县境内的奥罗维尔湖，它们组成工程系统中最主要的蓄水湖库。在春冬季节，奥罗维尔湖把来源于雁翎河上游的水储存起来，年平均蓄水库容达 37 亿 m^3，经凯悦、铁马利托等三个抽水蓄能电厂流入雁翎河的天然主河道，之后水蜿蜒流入萨克拉门托河和三角洲地区。

2）北部输水工程

北部输水工程是整个加州水利工程中最为重要的部分，其中加利福尼亚水渠是主体工程。从比萨尼水库流出的大部分水进入加利福尼亚水渠。加利福尼亚水渠主渠长 715km，起源于南三角洲的三角洲泵站，水渠引水南下，穿越圣霍金谷，越过德哈查比山脉，最后在南加州的羚羊谷分为两条水渠——西渠和东渠，西渠终点是洛杉矶北部的加斯达克湖，东渠终点是佩利斯湖。

当水流到加利福尼亚水渠中部，途经中部湾的南圣霍金谷时，水渠又向西分出支渠，延长了 164km 至中部沿海地带的圣达巴巴拉县，为圣达巴巴拉县和圣路易斯欧毕斯珀县提供水源。

3）中部输水工程

在三角洲地区，工程分为两个部分——北部湾水渠和南部湾水渠。水通过巴克尔河泵站和考德利亚泵站后，沿着北部湾水渠流入纳帕县和索拉诺县，以满足这两个地区的用水需求。水向南流，通过沙洲、南湾和迪瓦雷泵站到达三角洲南部的比萨尼水库，再从这个小水库把一部分水通过南海湾抽水蓄能电厂输送到南海湾水渠，以满足阿拉米达县和圣塔克来拉县的用水需求。

在三角洲地区，根据水质的标准，有一部分弃水流到太平洋中，余下的大部分水继续送往北加州、旧金山湾地区，以及中部沿海地带的圣霍金谷和南加州。

4）南部输水工程

加利福尼亚水渠的最大设计流量在三角洲处是 $292m^3/s$，在穿越德哈查比山脉到达南部海岸地区时是 $127m^3/s$。途经多个提水泵站，如友谊泵站、美景泵站、梯岭泵站和科利斯曼泵站到达德哈查比山脉。其中，在穿越德哈查比山脉途经艾蒙斯顿泵站时，水位在不到 14km 的距离内提升 587m。艾蒙斯顿泵站是世界上单位距离内水位提升最大的泵站，从泵站出来的水流入了羚羊谷。

在羚羊谷水流流向两个支渠——西渠和东渠。在东渠支线上修建了梨花泵站、阿拉漠发电站和马哈维虹吸发电站，流过这些电站的水注入了银木湖，再流入圣伯尔纳迪诺运河，水位降落 432m 到达魔峡发电站，最后流到佩利斯湖。水流在西渠支线通过奥索泵站和平安谷管道到达华尔那发电站，穿过华尔那发电站水就流入了洛杉矶境内的金字塔湖，从金字塔湖出来流经天使运河和加斯达克抽水蓄能电站来到西渠的终点——加斯达克湖。

5. 加州调水工程的作用

加州调水工程是美国跨流域调水工程中规模最大的水利项目，它的首要目的是调节加州不同地区间的水资源供求不平衡。此外，工程还发挥了水力发电、城市生活及工业供水、防洪、提高鱼类和野生动物的生物栖息环境、抵御河口盐水上侵和发展旅游等综合效益。

1）供水

全部已建工程年平均可供水 134 亿 m^3，其中满足原有水权要求 45 亿 m^3，可兴利水量 89 亿 m^3，已批准的在建工程预计还可增加供水 7 亿 m^3。工程的主要效益是农业灌溉，在控制范围内的可灌面积约 2300 万亩，包括补水灌区在内 1982 年实灌 1640 万亩。得益于大大小小调水工程，加州的干旱河谷地区出现灌溉面积达 2000 多万亩的良田，受益人口达 2300 万。工程的管理运行由美国联邦政府内政部垦务局负责。加州水利工程是在第二次世界大战以后因加州南部人口迅速增长需要从北部获得补充水源的情况下进行规划的。这项工程与中央河谷工程基本上在同一地区平行建设，而前者是后者的进一步发展，不仅也调水到中央河谷的中部与南部，而且延伸到加州南部洛杉矶地区，主要目标是为城市与工业供水。

2）水力发电

加州水利工程系统中修建了 9 个水力发电站，其中包括 5 个径流式电站和 4 个抽水蓄能电站，每年提供的电量大约有 6 亿 kW·h(相当于旧金山城市一年的用电量)，其中 3/4 用来维持整个加州水利工程的运转，即加州调水工程有 32%的用电可以自行解决，降低近 1/3 的运营成本。

如奥罗维尔湖上的凯悦抽水蓄能电站是工程系统中最大的发电站，年发电量 2.2 亿 kW·h。在它西边的铁马利托抽水蓄能电站年发电量 0.32 亿 kW·h。这两个发电站的水库都是多年调节水库，可以根据实际的用电需要来决定发电量。水向南流到圣路易斯水库，作为吉亚尼利抽水蓄能电站的下池，吉亚尼利抽水蓄能电站的年发电量可以达到 0.18 亿 kW·h。当水自流到西渠和东渠支线时，途经魔峡发电站、加斯达克抽水蓄能电站、华尔那发电站、阿拉漠发电站和马哈维虹吸发电站等,每年总发电量可达 3.4 亿 kW·h。这些系统内的发电站发电量大大缓解了加州调水工程运行需要的电能紧张局面,同时也可以将一部分多余的电供于民用。

3)防洪

加州调水工程在防洪方面发挥了重要的作用,如在 1964 年,刚刚修建一部分的奥罗维尔大坝就在抵抗当时发生在雁翎河上的洪水中发挥了重要的作用,完工之后的奥罗维尔大坝更是为雁翎河和萨拉门托河的防洪提供了坚实的保障。

在圣霍金谷农场多次发生洪水的时候,也是加州调水工程的大坝减缓了洪水的流量和流速,使得洪水在进入加利福尼亚水渠的时候没有带来巨大的灾难。整个工程系统不仅控制了洪水,而且为发电站发电积蓄了能量。

4)休闲娱乐

加州调水工程系统为整个加州提供了诸多休闲娱乐的场所,改善了当地的生态环境和人类的生活环境。

流入雁翎河流域的水不仅为该地区渔业和旅游业的发展提供了保障,还改善了流域的生态环境;而萨克拉门托市至圣霍金三角州一带的供水品质也因工程的修建得到了很大改善。

从德哈查比山脉到南加州,水库、湖泊和水渠都为人们提供了很多很好的娱乐场所和设施,可以钓鱼、划船、野餐、露营、骑自行车和参观游玩等。

在北加州,人们可以在水库、湖泊中享受各种水上运动,甚至还可以打猎;在南加州,加斯达克湖和金字塔湖也提供了划船、郊游和划水的娱乐项目;在佩利斯湖人们可以远足、爬山和潜水等;而在整个加利福尼亚水渠随处都可以钓鱼、娱乐等。

4.2.2 国外其他调水工程

据不完全统计,目前世界已建、在建和拟建的大规模、长距离、跨流域调水工程已达 160 多项,主要分布在 24 个国家。

1. 雪山调水工程

雪山调水工程(Snowy Mountains Scheme)包括 7 座水电站、16 座坝、2 座泵站、225km 输水管道和隧洞以及附属设施。水库总库容 84.8 亿 m^3,有效库容 70 亿 m^3;水电站总装机容量 374 万 kW,年发电量 50 亿 kW·h,占澳大利亚东南部电网容量的 17.8%。雪山调水工程于 1949 年开工,1974 年工程全部建成运行。每年提供工农业用水量 23.6 亿 m^3,

灌溉面积 26 万 hm^2。

雪山是澳大利亚大陆分水岭—大分水岭的一部分，位于南纬 33°—35°之间，北起约克角，南至维多利亚州中部，绵延 3000km，距离东海岸 150km。山顶高度在海拔 1520m 以上，最高峰科修斯科山 2229m，其北端的杰冈格尔山为次高峰 2062m。广阔的地域布满起伏的高原和平坦湿润的河谷。在西部，它们急剧下降至 300m，成丘陵地带，绵延 1500km。

雪山调水工程是澳大利亚最大的一项水利建设工程。早在 20 世纪初，曾提出多种建设方案，但工程浩大，未能实现。第二次世界大战以后，由于电力与粮食、畜产品需求的增加，急需开发水力资源与修建灌溉工程。1947 年，为解决墨累河及其支流马兰比吉河流域的干旱缺水问题，开发利用雪山河水资源，澳大利亚联邦政府和新南威尔士州、维多利亚州政府三方组成委员会，研究规划方案。1948 年提出雪山调水工程方案，1949 年联邦政府通过"雪山水电法"，组建雪山水电管理局，负责雪山工程规划的实施。雪山调水工程规划方案包括以下几种[22]：

1) 总体规划

在雪山河及其支流上修建水库，拦蓄径流，通过自流和抽水，经隧洞和明渠，使南流入海的雪山河水西调墨累河，北调马兰比吉河支流图穆特河，发展下游的灌溉及城市供水，并利用两河在雪山地区不足 100km 范围内的 800m 落差，建梯级电站，达到调水与开发水电相结合。雪山调水工程共建大小水库 16 座，总库容 85 亿 m^3，输水隧洞 145km，明渠 80km，水电站 7 座，泵站 2 座。规划水平年调水 23.6 亿 m^3，其中调给马兰比吉河 13.8 亿 m^3，调给墨累河 9.8 亿 m^3。维多利亚州和新南威尔士州各得一半，并保证一定下泄水量。干旱期为南澳州供水，供水量由维多利亚州和新南威尔士州各负担一半。水电装机容量 376 万 kW，年发电 51.3kW·h。提供调峰用电，首先满足首都堪培拉，其次是新南威尔士州、维多利亚州和南澳州。工程主要设计方为美国内政部垦务局，2/3 的施工人员来自国外超过 30 个国家，施工总人数达 10 万人。工程历时 25 年，投资 10 亿美元[22]。图 4.6 为澳大利亚雪山调水工程规划示意图。

2) 水源工程

在雪山河上主要建两座水库，其一是尤坎本水库，建在雪山河支流尤坎本河上，坝高 116m，库容 48 亿 m^3，系多年调节水库。是雪山调水工程的骨干水库，1964 年完工，蓄水可分别调入图穆特河和墨累河；其二是京达贝恩水库，在尤坎本水库下游，雪山河干流上，库容 6.9 亿 m^3。由于水库水位较低，需由泵站抽水到雪山河上游，而后可将水调到墨累河或尤坎本水库。此外，在马兰比吉河上游建有坦坦加拉水库，库容 2.5 亿 m^3，在丰水时，可调水到尤坎本水库。

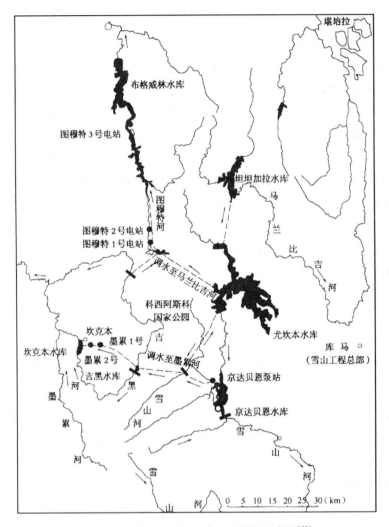

图 4.6　澳大利亚雪山调水工程规划示意图[22]

3）输水工程

通过输水隧洞、明渠和管道连接雪山地区水库，将雪山河水调入墨累河和图穆特河。两路调水系统的主要工程如下：

①尤坎本—图穆特隧洞。由尤坎本水库，经隧洞穿越大分水岭调水到图穆特河，隧洞长 22.2km，输水能力 113m³/s，施工时间为 1954—1959 年。

②尤坎本—雪山隧洞。由雪山河上岛湾调节池，经隧洞调水到尤坎本水库调蓄。当岛湾需水时，可从尤坎本水库返回。隧洞长 23.52km，洞线呈水平，可正、反双向输水，使工程的调度更加方便灵活，输水能力 93.6m³/s，施工时间为 1961—1965 年。

③雪山—吉黑隧洞。将雪山河水、尤坎本水库和京达贝恩泵站的抽水汇集至岛湾调节池，经隧洞穿越大分水岭调水到吉黑水库(吉黑河为墨累河支流)。隧洞长 14.43km，输水能力 113.3～147.2m³/s，施工时间为 1962—1966 年。

图 4.7 为该工程北支调水工程纵剖面示意图[23]；图 4.8 为该工程南支调水工程纵剖面示意图[23]。

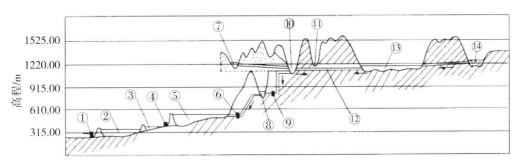

①布劳宁水电站；②布劳宁水库；③朱娜玛水库；④蒂默特 3 号抽水蓄能水电站；⑤塔尔宾戈水库；
⑥蒂默特 2 号水电站；⑦图马水库；⑧蒂默特 2 号水电站压力池；⑨蒂默特 1 号水电站；
⑩蒂默特—旁德水库；⑪哈皮杰克斯水库；⑫尤坎本—蒂默特隧洞；⑬尤坎本水库；⑭坦坦卡拉水库

图 4.7 澳大利亚雪山调水工程北支调水纵剖面示意图[23]

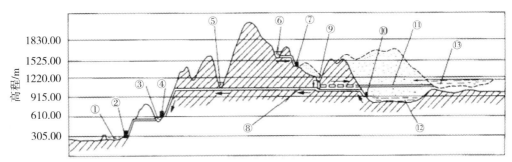

①坎科本水库；②墨累 2 号水电站；③墨累 2 号水电站压力池；④墨累 1 号水电站；⑤吉黑水库；
⑥盖西吉水库；⑦盖西吉水电站；⑧斯诺伊—吉黑隧洞；⑨艾兰本德水库；⑩金德拜恩水泵站；
⑪尤坎本—斯诺伊隧洞；⑫金德拜恩水库；⑬尤坎本水库

图 4.8 澳大利亚雪山调水工程南支调水纵剖面示意图[23]

2. 加拿大魁北克调水工程

加拿大魁北克调水工程(Quebec Water Transfer Project)，又叫詹姆斯湾工程或拉格朗德河综合开发项目。拉格朗德河全长 861km，流域面积 9.8 万 km²，年平均降雨量 750mm，河口多年平均流量 1730m³/s，年平均径流量 546 亿 m³。该工程跨流域引水量 382 亿 m³，使拉格朗德河年径流量达 928 亿 m³，以增加该河流水电开发的装机容量。工程分两期开发：一期工程主要包括兴建相邻流域的两大调水水库、引水道和相应的配套设施，以及拉格朗德 2 级(初期)、3 级、4 级 3 座水电站。一期工程于 1973 年开工，到 1985 年全部完成，引水量达到规划设计要求，水电站总装机容量 10283MW。二期工程主要扩建拉格朗德 2 级水电站，建设 1 级水电站及引水工程上的勃里赛(Brisay)水电站、拉福奇 2 级和 1 级水电站等 5 项工程，主要是优化已建水库的运行，开发剩余水能资源，总的装机容量达 4954MW。

图 4.9 为加拿大魁北克调水工程示意图[17,24]。该工程主要是将拉格朗德河邻近流域东北部的卡尼亚皮斯科(Caniapiscau)河及西南部的伊斯特梅恩(Eastmain)河的水调至拉格朗德河(见图 4.9)。受水的拉格朗德河发源于加拿大魁北克省的瑙科坎(Naococane)湖，先向北，后向西，先后接萨卡米(Sakami)河、卡瑙普斯考(Kanaaupscow)河等支流，最后注入詹姆斯湾。拉格朗德河是加拿大詹姆斯湾五大水系之一，蕴藏着丰富的水能资源。调水工程的目的是水力发电，以便在满足魁北克省电力需求的同时，也将剩余电力出售到美国东北部地区。

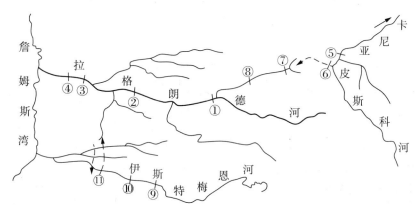

1—拉格朗德 4 级水电站；2—拉格朗德 3 级水电站；3—拉格朗德 2 级水电站；4—拉格朗德 1 级水电站；
5—卡尼亚皮斯科水库；6—勃里赛水电站；7—拉福奇 2 级水电站；8—拉福奇 1 级水电站；
9—伊斯特梅恩河 2 级水电站；10—伊斯特梅恩河 1 级水电站；11—奥皮纳卡水库
图 4.9　加拿大魁北克调水工程[17,24]

3. 其他调水工程

1) 苏联

苏联已建的大型调水工程达 15 项之多，年调水量达 480 多亿 m³，主要用于农田灌溉。

这些工程中较著名的有：伏尔加—莫斯科调水工程、纳伦河—锡尔河调水工程、库班河—卡劳期河调水工程、瓦赫什河—喷什河调水工程、北水南调工程等。

2）美国其他调水工程

美国从 19 世纪末至 20 世纪 70 年代，联邦政府和地方州政府组织兴建了大量的水利工程。美国本土年径流量 1.7 万亿 m³，已建水库库容约 1 万亿 m³，有效库容约 6000 亿 m³，对地表水资源有较强的调控能力。这些工程在除害和兴利两方面都起了很大作用：一是有效提高了主要江河的防洪能力；二是水资源得到了有效的开发利用；同时水电、航运、环境、旅游等也得到长足发展。

基于水资源分布和经济发展对水需求的矛盾，美国在基础设施的建设上采取了建设调水工程举措，即对水资源进行地理上的再分配，跨流域调水满足缺水地区经济和社会发展的需要。目前美国已建成跨流域调水工程十多项，著名工程有：联邦中央河谷工程、加利福尼亚州北水南调工程、向洛杉矶供水的科罗拉多河水道工程、科罗拉多—大汤普森工程、向纽约供水的特拉华调水工程和中央亚利桑那工程等，这些工程年调水总量 200 多亿 m³。

美国目前所建成的多数大型跨流域调水工程集中分布在西部干旱地区，并且一些最重要的调水工程又集中在加利福尼亚州和科罗拉多河流域。大型的跨流域调水工程在方案设计、技术研究、工程结构、资金支持和管理运行等方面都存在较大难度，同时对生态环境的影响表现出明显的滞后性。因此，跨流域调水工程的建设需要从长远利益出发，并将社会、经济、生态等各方面因素结合起来进行统一的规划与管理，最大限度实现工程的社会、经济与生态效益。美国的跨流域调水工程则很好地体现了这点，为世界上其他国家的大型跨流域调水工程建设提供了范例。

3）加拿大

加拿大为了保证各个经济部门（特别是水力发电、工业、灌溉和公共事业等部门）对用水日益增长的需要，在 20 世纪 50—90 年代实施了大量的调水工程，从加拿大的北部向其南部地区以及美国和墨西哥调水。根据加拿大环境保护部门的资料，到 1985 年[24]，加拿大南方 9 个省共实施了 60 项调水工程，年调水总量为 1410 亿 m³。就总调水量来说，加拿大占世界第一位。但输水干渠都不长，以河道输水为主。加拿大调水工程的一大特点是广泛采用调水工程来控制和利用水能，在大多数情况下，调水不是用于灌溉和供水，而是为了更有效地利用河流的水能发电。总调水量的 95%（1340 亿 m³）用于水力发电，而用于灌溉农作物的仅占 5%[17]。

除了 1974 年动工兴建的魁北克调水工程，该国其他著名调水工程有：丘吉尔河-纳尔逊河、奥果基河-尼比巩河工程等。

4）墨西哥

墨西哥的西北统一水利系统，是已建成的调水工程中年调水量较大的一项工程。该工程 2000 年建成，调水量为 75 亿 m^3/a。而该国另一项调水工程，墨西哥城调水工程，调水量也较大，为 34.37 亿 m^3/a[6]。

5）法国

法国为了满足灌溉、发电和供水需要，于 1964 年动工兴建了迪朗斯-凡尔顿调水工程。工程于 1983 年建成，设计灌溉面积 6 万 hm^2，年发电量 5.75 亿 $kW \cdot h$，并供 150 万人饮水。此外，法国还有勒斯特-加龙河等调水工程。

6）乌克兰

乌克兰的北克里木调水工程，为 1971 年建成的调水工程。该工程从第捏伯河引水，调水量为 82 亿 m^3/a，主要用途为灌溉、供水。另外，还有第捏伯-顿巴斯工程和卡雷夫主干渠工程，也是从第捏伯河引水，调水量分别为 36 亿 m^3/a 和 13.7 亿 m^3/a，主要用途为灌溉和供水[6]。

7）日本

日本多年平均降雨量为 1788mm，相当于世界平均水平的 2 倍，是北温带降水量最多的地区。但降水量的空间分布很不均匀，北海道东部降水量不足 800mm，而西南部的太平洋沿岸却高达 3200mm。日本各个月的降水量分配很不均匀，即使是多雨的夏季，在某些年份的某段时间也会出现极端干旱。因此，农业灌溉和城市供水对日本来说非常重要。为解决干旱年份和干旱季节的农业供水及大城市生活和工业用水问题，日本在很多河流的上游都建有水库，并在第二次世界大战之后兴建了利根川调水工程等数个跨流域调水工程。

8）印度

印度的调水始于灌溉调水，已完成的有：恒河区工程，灌溉面积 24 万 hm^2；北方邦拉姆刚加河拉姆刚加坝至南部各区工程，灌溉面积 60 万 hm^2；巴克拉至楠加尔工程，灌溉面积 160 万 hm^2；纳加尔米纳萨加尔工程，灌溉面积 80 万 hm^2。调水灌溉给这些地区带来了生机，产生了巨大的效益。

9）巴基斯坦

巴基斯坦的西水东调工程，从西三河向东三河调水，灌溉农田 2300 万亩，使巴基斯坦由原来的粮食进口国变成每年出口小麦 150 万 t、大米 120 万 t 的国家。调水带来的好处是不言自明的，它不仅使贫水区的开发成为可能，也使受水区增加了广阔的水域，水带与大气圈含水层之间的垂直水汽交换加强，江湖水量得到补偿调节；有助于形成食物链基地，为珍稀和濒危野生动物提供栖息场所；提供廉价无污染水电，促进航运事业发展；使营养盐带入调水体系，有利于鱼类生产与繁殖；能增强水自身的净化能力，改善水质；调水大坝和渠道一带还成了风景优美的旅游区，是调水成功的典型范例。

10) 泰国

泰国自湄公河引水的南水北调工程，调水量为 110.25 亿 m³/a。该工程为二期在建项目，主要用途为灌溉[6]。

11) 埃及

埃及也有较大的调水工程。其中，自尼罗河引水的易扑拉希米亚渠和伊斯梅利亚渠等为已建的规模较大的调水工程，其调水量分别为 283.82 亿 m³/a 和 31.54 亿 m³/a。此外，自纳赛尔湖的图什卡调水的新河谷运河工程，其调水量也较大，为 55 亿 m³/a[6]。

12) 北美水电联盟计划

北美水电联盟计划(the North American Water and Power Alliance，NAWAPA)，设想把阿拉斯加和加拿大西北地区的多余水调往加拿大其他地区及美国的 33 个州、大湖地区和墨西哥北部诸州，灌溉美国和墨西哥 260 万 hm² 耕地，并向美国西部城市供水。

早在 1964 年，美国工程公司 Parsons 提出过一个规模超大的调水计划——"北美水电联盟"。这项工程计划从加拿大西北部和美国阿拉斯加取水，集中输送至美国落基山中一座长 800km、宽 16km、深 61m 的巨型水库，再通过长 10000 余千米的复杂输水网络将水调往干旱的美国西南部和墨西哥北部，设想"将北美大陆水系连为一体，统筹规划"。

但这个计划需要 1000 多亿美元，工期长达 20 年，并且完工后需 50 年方能收回投资，这不得不让人望而却步。调水对生态与环境的负面影响也要充分考虑，要调水，就要淹地和移民。大面积农田被淹，居民被迫搬迁，变更职业，将增加移民迁入地区土地负担。

该项目刚被提出时，工程预算约为 800 亿美元，至 1975 年已增至 1200 亿美元。此外，工期太长，利益极其不确定，且可能对水源区和受水区的生态和环境影响巨大。曾经在美国和加拿大引发了诸多争论，一直持续到 20 世纪 70 年代。后来，该项计划遭到加拿大政府的强烈反对而搁浅[6]。

第5章　水利信息化建设

5.1　水利信息化的内涵及建设必要性

5.1.1　内涵

水利信息化的内涵：是指充分利用现代信息技术，深入开发和利用水利信息资源。包括水利信息的采集、传输、存储和处理，全面提升水利行业活动的效率和效能。

水利行业是一个信息密集型行业。凡人类的治水活动，都离不开水情、雨情、工情和社情的综合利用。因此，古今中外的水利工作者都十分重视信息收集整编和利用。

我国早在公元前20世纪就已有洪水记录，公元前16世纪已有了水旱信息的记载。而在科学技术迅猛发展的今天，由计算机技术和通信技术相结合的信息技术，在水利行业逐步得到推广和应用，出现了水利信息化推动水利现代化的发展趋势。

这个发展趋势在一些发达国家已很明显：在这些国家广泛运用了地理信息系统、全球定位系统和遥感技术（即"3S"技术），建立和完善防灾减灾网络；对水旱灾害进行预测预报；对抗旱和滞洪方案进行风险评估等。可以断言：没有水利信息化就没有水利现代化。

在21世纪，水利既面临着巨大的挑战，也面临着难得的发展机遇。早在第九届全国人大第四次会议通过的《中华人民共和国国民经济和社会发展第十个五年计划纲要》中，就把实现水资源可持续利用提到事关我国经济社会可持续发展的战略高度，要求下大力气解决洪涝灾害、水资源不足和水污染问题。由此可见：从传统水利向现代水利、可持续发展水利转变，以水资源的可持续利用支撑国民经济的可持续发展，已成为新世纪治水的战略目标。

在这个历史性转变过程中，水利信息化是水利现代化的基础和重要标志。只有加快水利信息化的建设步伐，才能实现水利现代化的宏伟目标。

5.1.2 建设必要性

1. 水利信息化是提高抗灾减灾决策水平的需要

信息是防汛抗旱决策的基础，是正确分析和判断形势、科学地制定防汛抗旱调度方案的依据。水利信息系统的建立，将大大提高雨情、水情、工情、旱情和灾情信息采集的准确性和传输的时效性，对洪涝干旱灾害的发展趋势作出及时、准确的预测和预报。制定防洪抗旱调度方案，为决策部门科学决策提供依据，充分发挥已建工程设施的效能。

2. 水利信息化是提高水利科技含量和管理水平的需要

水利作为传统行业，在深化改革中不但面临着体制创新和机制创新的问题，而且还面临着技术创新和管理创新。

水利信息系统的建立，将会为技术创新和管理创新创造良好的条件，全面提高水利行业的科技含量和管理水平。

3. 水利信息化是实现水行政主管部门机构改革和职能转变的需要

信息资源已经成为与物质资源同等重要的资源。政府充分开发和利用庞大的政府信息资源，是正确、高效行使国家行政职能的重要环节。

信息化将使水利部门有可能广泛获取和利用各种信息资源，更好地管理复杂的水行政事务，提高政府部门的决策水平、管理水平和工作效率。同时，信息化也有助于实行政务公开，加强政府工作人员与广大人民群众之间的联系，使社会各界更加有效地监督政府工作。

4. 水利信息化是满足行业之间实现信息资源共享、促进国民经济协调发展的需要

水利与工业、农业、林业、交通等相关行业的发展，关系十分密切。实现水利信息化，使水利信息资源与相关行业共享。水利行业也从相关行业获取信息，这对于建立节水型工业、节水型农业和节水型社会，促进生态建设与环境保护，都有重要的意义。

5.2　国内外信息化形势与动态

当今世界，信息技术正以前所未有的速度发展，信息化越来越成为国际竞争的焦点。发达国家更是依靠雄厚的经济和科技实力，使本国的信息化处在世界前沿，在国际竞争上占据有利地位。

美国前总统克林顿上台伊始，即制定了"国家信息基础设施（national information infrastructure，NII）"行动计划（即"信息高速公路"计划）。同时采取了一系列重大措施，以确保该计划的实施。

面对美国"信息高速公路"的挑战，欧共体于 1993 年 12 月公布了《德洛尔白皮书》。建议开发欧洲信息网基础设施项目，并拟订了欧洲"信息高速公路"计划，投资 330 亿法郎以加速欧洲各国的信息联网。

新加坡是亚洲最早提出"信息高速公路"设想的国家，并于 1992 年就完成了"新加坡 2000 年信息科技发展总蓝图"的规划。到 20 世纪末，新加坡政府已在该项目上投资约 12.5 亿美元。

在日本，仿照美国的"信息高速公路"，提出了建立自己的"信息高速公路"的设想，即投资 500 亿日元在 1993—1996 年期间建立了"信息流通新干线网"的超高速信息网络。

工业时代，电力、电话、收音机和电视机在美国的普及应用分别用了 46 年、35 年、31 年和 26 年。数字时代，PC、移动电话、互联网、社会化媒体的普及仅分别用了 16 年、13 年、7 年和 5 年，技术普及速度越来越快。

21 世纪信息成为生产要素，信息化技术作为掌握信息的一种工具，对各类资源具有很强的支配功能。在它的作用下各个领域的屏障被不断攻破，彼此的资源正在不断融合。工业经济因为信息化技术融入而拥有了智慧，社会发展速度将会越来越快，知识经济时代初露端倪。总体来说，信息化技术在经济社会发展中发挥了重要作用。主要有：

（1）打造智慧物流构建跨地区产业链；

（2）建设智慧城市；

（3）实现地区各行业协同发展；

（4）实现多种技术融合提高生产力；

（5）为环境保护联防联控提供条件。

由于我国正处于工业化中期，信息化建设相对滞后。但党中央、国务院非常重视我国信息技术的发展，提出要把发展高新技术产业与改造传统产业有机地结合起来，在加速高新技术产业化的同时，用以信息技术为代表的高新技术改进传统产业，促进产业结构优化升级，并在经济和社会生活的各领域全面推进信息化。以信息化带动工业化，努力实现我国社会生产力的跨越式发展。

5.3 水利信息化建设现状及存在的问题

5.3.1 建设现状

目前，在水利信息化建设中，抗旱指挥系统建设、防汛指挥系统建设、水质监测评价信息系统、水资源实时监控管理系统、水土保持生态环境监测系统、机关办公自动化等方面已经取得一定成效。但是，在肯定成绩的同时，我们更要正视存在的问题。

5.3.2 存在的问题

1. 投入严重不足

受经济、技术等条件的限制，水利信息化建设存在很多问题。投入严重不足是水利信息化建设长期以来存在的一个问题。我国水利信息化基础设施还十分薄弱，特别是信息资源的开发利用严重滞后，水利信息的采集和传输至今也未形成覆盖全国的信息网络。

2. 缺乏统一的规划和规范化的建设管理

在水利信息化建设中，除了防汛方面情况相对较好以外，对于全行业来说，缺乏统筹规划。在建设和管理上，还存在着条块分割和低水平重复开发等现象。

3. 尚未形成全国的水利会商信息平台

信息化有着一个系统性强、集成度高和技术更新周期短的特点。在信息化建设中，对信息的规范化和标准化有着严格的要求，否则难以实现网络的互联互通和信息的大规模集成。

我国目前尚未形成一个集信息源和基础数据库为一体的水利信息公用平台，尚无法真正实现全行业资源共享。

5.4 水利信息化建设动态

5.4.1 水利水电工程规划设计

将 ArcGIS 等技术应用在水利水电工程规划与设计中。图 5.1 为三维 GIS 在水利工程规划设计中的应用。

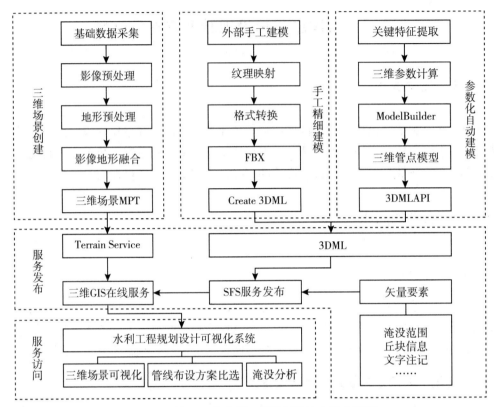

图 5.1　三维 GIS 在水利工程规划设计中的应用[25]

5.4.2　水库调度管理

将 RS、GIS、GPS 及网络通信技术等用在水库调度管理方面。图 5.2 为基于网络通信的水库调度网络系统拓扑结构图；图 5.3 为水库群调度系统功能结构图。

5.4.3　建立水资源管理网络体系

在水资源管理方面，建立了网络体系。图 5.4 为水资源管理决策支持系统结构图；图 5.5 为水资源管理决策支持系统网络安全框架。

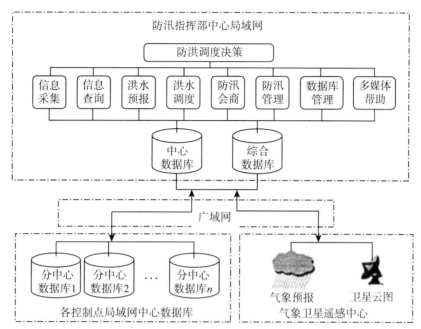

图 5.2　水库调度网络系统拓扑结构[26]

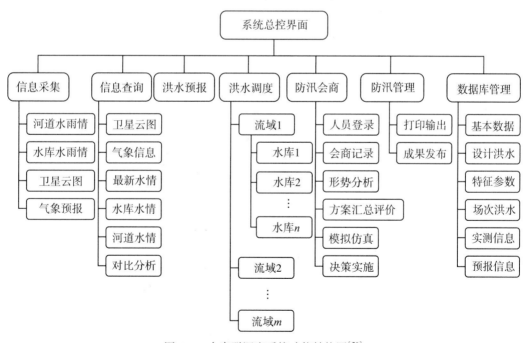

图 5.3　水库群调度系统功能结构图[26]

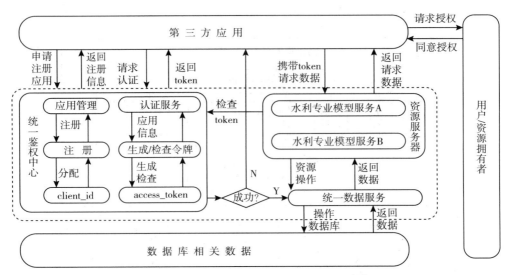

图 5.4　水资源管理决策支持系统结构图[27]

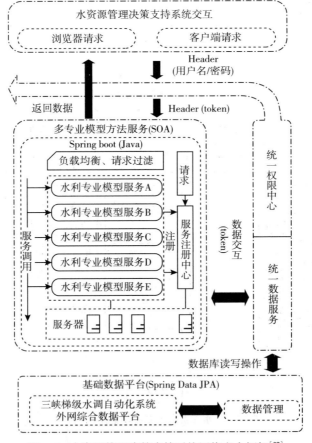

图 5.5　水资源管理决策支持系统网络安全框架[27]

5.4.4　建立灌区水管理 GIS 数据库

在灌区水管理方面，建立了 GIS 数据库。图 5.6 为某灌区水管理 GIS 数据库。

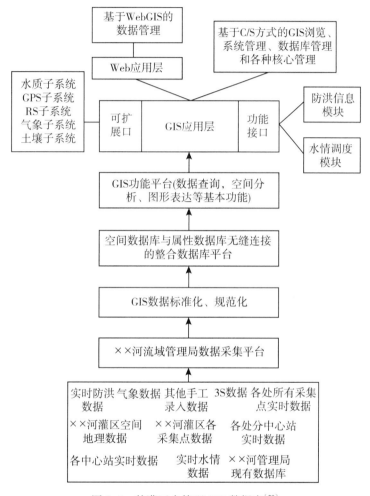

图 5.6　某灌区水管理 GIS 数据库[28]

5.4.5　建立农村水利综合管理决策支持系统

利用作物生长信息与灌溉调控的互动效应及精准控制灌溉等技术，使现有的水稻控制灌溉技术指标体系更为细化和精量化。集成地理信息系统(geographic information system,

GIS)、遥感技术(remote sensing，RS)、全球定位系统(global positioning system，GPS)、人工智能等技术，建立以知识库、方法库、模型库等为主的农村水利综合管理决策支持系统。图 5.7 为基于 Web GIS 的农村水利综合管理与决策系统总体框架图。

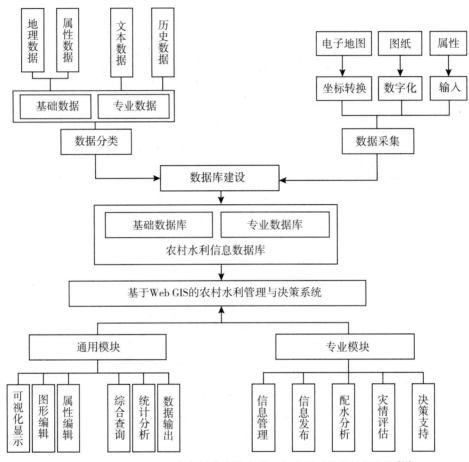

图 5.7　基于 Web GIS 的农村水利综合管理与决策系统总体框架图[29]

5.4.6　建立水资源与生态环境评价与管理信息系统

基于遥感和 GIS 技术的水资源与生态环境评价管理信息系统，是遥感技术、GIS 技术和管理信息系统技术的综合应用。充分利用遥感技术、GIS 技术、数据库信息处理技术、多媒体技术、计算机网络技术，对与水资源和生态环境相关的各个方面的数据资料进行科学管理和加工处理，以数据、图形、文本、声音、影像一体化的多媒体和超文本方式描述全国、流域和区域的水资源与生态环境综合信息，彻底改变目前水资源与生态环境信息管理手段落后、信息可靠程度低、信息共享性差和信息格式不规范等状况。

图 5.8 为水资源与生态环境评价与管理信息系统总体结构框图；图 5.9 为该信息系统组成结构图。

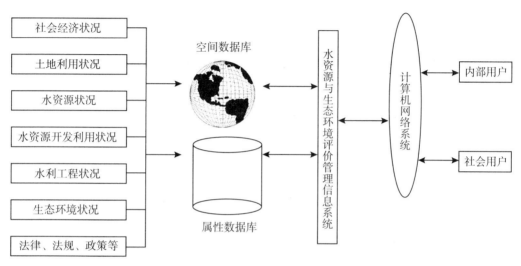

图 5.8　水资源与生态环境评价与管理信息系统总体结构框图[30]

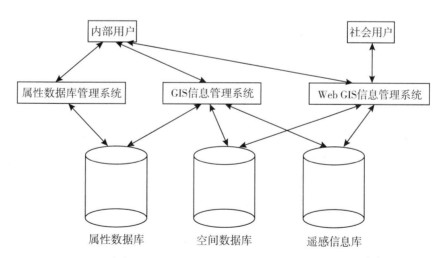

图 5.9　水资源与生态环境评价与管理信息系统组成结构图[30]

5.4.7　建立区域水资源实时监控管理系统

1. 水资源实时监控的目标

我国是一个水资源严重短缺的国家，随着经济社会发展，水资源短缺的矛盾越来越突出。同时，由于水资源时空分布不均，与人口、耕地资源分布以及经济发展的格局不匹配，加剧了水资源的紧缺和供需矛盾。水资源实时监控管理就是利用先进的技术手段对水资源的数量、质量及其空间分布进行实时监测、调控和管理，实现对水资源的实时监测、评价、预测预报和调度管理，为水资源的合理配置和动态调控提供决策支持。

2. 水资源实时监控系统功能概要及结构流程

1）功能概要

流域水资源实时监控系统是一个动态的交互式计算机辅助支持系统。系统的主要内容包括水资源实时监测、水资源实时评价、水资源实时预报、水资源实时管理和实时调度。图 5.10 为水资源实时监控系统功能概要图。

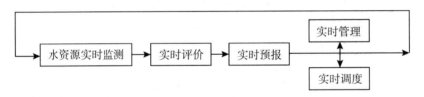

图 5.10　水资源实时监控系统功能概要图[30]

水资源实时监测内容主要包括水情、水质、墒情和其他信息。系统需建立和完善统一的水资源监测站网和监测系统，以及进行各取水口水量、开采机井抽水量的监测等。各监测站网将为水资源实时监控系统快速、准确地提供监测数据资料。

水资源实时评价主要指在时段初对上一时段的水资源数量、质量及其时空分布和水资源开发利用状况进行实时分析和评价，确定水资源及其开发利用形势和存在的问题。

水资源实时预报主要包括来水预报和需水预报两部分，来水预报又分为水量预报和水质预报。水量预报包括地表水资源预报和地下水资源预报。需水预报分为工业、农业、生活和生态环境需水预报。

利用水资源实时评价和实时预报结果，通过水资源实时管理模型计算，结合领域专家或决策者的知识、经验，同时应用分水协议、水价政策等经济调节作用，最后提出水资源实时管理方案。在此基础上，确定水资源优化调度规则，根据各时段水资源的丰枯情况和污染态势，通过建立水资源优化调度模型，确定水资源实时调度方案。

2) 结构流程

"区域水资源实时监控管理系统"是一个以计算机、通信、网络、数据库、遥感、地理信息系统等高新技术为支撑的对区域水资源进行实时监控和综合管理的决策支持系统。该系统包括水资源实时信息的采集、传输、处理、分析，同时应用数学模型和专家知识进行水资源的合理配置，整个系统的结构流程见图5.11。

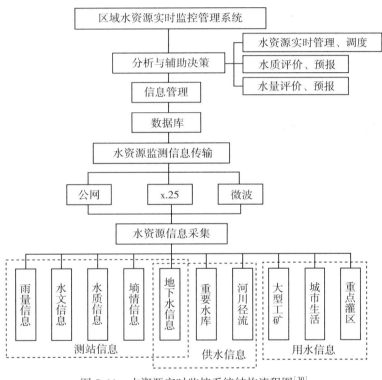

图 5.11　水资源实时监控系统结构流程图[30]

5.4.8　防洪减灾保安体系建设

1. 前提：传统"抗御型"防洪思想面临新的挑战

过去几十年里，我国的防洪建设注重"抗御型"的工程建设，防洪的标准也是基于"抗御型"的指导思想制定的。即使已经在一些大流域(如长江流域)利用现代科学技术建立了防洪调度系统，决策支持上也多按照"防御"的观念进行运行或加以利用。

不可否认，这种传统的"抗御型"的策略及与之相应的防洪管理方式对我国经济顺利发展作出了巨大的贡献。但随着经济社会现代化的发展，"抗御型"防洪思想在如下 3 个方面面临挑战。

挑战一：水资源短缺要求利用洪水资源，科学的进步也能使其成为可能。挑战二：洪水水位随着防洪工程的建设越来越高，用理论频率确定的防洪标准日益失去意义。挑战三：社会经济现代化对防洪保护提出了越来越高的要求，以至于在"抗御型"指导思想下建立防洪保安体系越来越困难。

2. 新的防洪建设思路

(1)统一规划，统一管理；
(2)根据流域和洪水特点，采取"上蓄、中防、下泄"，形成堤库结合的防洪工程体系；
(3)利用防洪保险等非工程防洪措施。

5.4.9 水环境监测及污染治理

遥测、遥感及遥控等信息化技术，在水环境监测及污染防治方面发挥着越来越重要的作用①。主要有：

1. 水环境监测

(1)遥感监测；
(2)生物监测。

2. 水环境污染治理

不断创新水污染治理技术，完善水污染防治机制，实现水污染治理信息化、自动化。

5.5 水利信息化建设展望

1. 开展科技攻关

集中力量，在水资源管理自动化与信息化研究领域实施技术创新。

① 蒲慧晓. 水环境监测技术及污染治理研究[J]. 资源节约与环境，2023(8).

2. 积极推广应用高新技术，全面提升水利行业科技含量

我们要充分利用科技发展的最新成果，坚持用高新技术对传统水利行业进行技术改造，特别要注意计算机技术、微电子技术、现代通信技术、遥感技术、地理信息系统、全球定位系统及自动化技术、新材料、新工艺在水利行业的推广应用。

3. 加快自动化和信息化建设，以信息化带动水利行业的现代化

水利信息化建设的根本目的是实现水资源的优化配置和可持续利用。水资源的优化配置不可能通过传统的技术手段来实现。只能也必须采用现代化的手段。通过信息化带动水资源实时监控管理系统建设，实现水资源管理的信息化，再通过计算机技术、人工智能等技术的应用，实现水资源的优化配置，这就是水利现代化的重要标志。

4. 加强科技合作与交流

国际科技合作与交流是提高创新能力、开拓研究思路、弥补科研经费不足的有效途径。要在已经取得良好国际合作的基础上，继续拓宽国际合作渠道、广泛建立国际联系，通过技术考察、技术培训、互派学者和开展国际科技合作项目等多种方式，引进国外先进实用技术和管理经验，加强技术合作。

5. 大力加强人才队伍建设

现代科技日新月异，要不断学习最新的科技知识，注重知识更新。尊重知识、尊重科学、勤于学习、善于思考。以规范化为重点建立起水利系统的培训机制、培养水利专门人才，努力造就一支适应新形势的技术干部队伍。

6. 加强体制改革，建立水利科技创新体系

要坚持实事求是的原则，正确定位，分类指导。要正确处理好改革、发展、稳定的关系。要通过改革促进发展，优化科教资源的配置，实现科研教学单位实力的增强、科技人员及广大职工物质与文化生活水平的提高。通过体制和机制创新，建立起水利科技创新体系。

第6章 数字水利

6.1 数字地球

6.1.1 数字地球的提出

数字地球，即地球的数字模型，是包括地图和描述地球整治过程的数学模型。在所有以往的工作中，主要是精确地模拟和粗略地模拟地表或近地表特征。数字地球，是一个新的描述地球的方向。

1998年1月，美国前副总统戈尔最早提出"数字地球"的概念。戈尔在他的文章里指出："数字地球是一种关于地球的可以嵌入海量地理数据的、多分辨率的三维表示。"其核心思想有两点：一是用数字化手段统一性地处理地球问题；二是最大限度地利用地球信息资源。

6.1.2 数字地球的战略重要性

数字地球计划是美国继"星球大战计划"和"信息高速公路计划"之后推出的又一全球性战略计划。

1998年1月31日，美国副总统戈尔在题为"数字地球：认识二十一世纪我们所居住的星球"的演讲中提出了数字地球的概念。由政治家而不是科学家提出的这一概念，是带有整体性和导向性的国家战略目标，是为了刺激经济发展，保持美国在高新技术领域的领先地位。它与美国以前提出的星球大战计划和信息高速公路计划一样，都是为美国的战略目标服务的。

1999 年 3 月，江泽民同志在中国科学院第九届院士大会接见两院院士时就提到了数字地球，充分肯定了它的战略意义。他指出，当今世界，以信息技术为主要标志的科技进步日新月异，高科技成果向现实生产力的转化越来越快，初见端倪的知识经济预示人类的经济社会生活将发生新的巨大变化。美国前几年提出了信息高速公路，随后又提出知识经济，最近又提出数字地球的概念，真可谓日新月异。

数字地球一经提出，就受到世界各国普遍的关注，在以美国为首的北约对南联盟狂轰滥炸之后尤为如此。随后，我国科学界对此也高度重视。举办了许多专题讨论会和座谈会，准备抓住机遇迎接数字地球的挑战。

目前，我国各地纷纷提出建立"数字城市"的设想和规划，国民经济各行业也提出"行业数字化"的设想与规划，如"数字农业"和"数字水利"等。

美国宇航局(national aeronautics and space administration, NASA)认为：数字地球是关于地球的数字化表达，它使得人们能够体验和利用大量的、集中的、有关地球的自然、文化、历史等数据；数字地球是组织信息的一个比喻，是关于地球所有数据的分布式收集，是所有数据库之航母；由于大多数 GIS 数据只是有代表性的时间碎片，用于提供事实，而理解地球则必须集中考虑过程。因此，数字地球必须是动态的，是关于地球动态信息的收集，它应包括模型仿真库，具有对地球过去与未来的模拟能力。因此，它是具有巨大的教育价值的工具。

美国数字地球跨部门协调机构认为：数字地球是对我们的地球的虚拟表达，它使人们可以发掘和交互使用有关地球的自然和人文信息；数字地球是为全人类服务的，是过去现在和将来的全球化商业和政府活动自然演变的结果，是需要通过政府和商业组织进行有选择性的培植，以赋予其满足整个人类需要的属性。

6.1.3 数字地球的定义

数字地球是对真实地球及其相关现象的统一性的数字化重现和认识，它包括构成体系的数字形式的所有空间数据和与此相关的所有的文本数据及其涉及的把数据转换成可理解的信息、并可方便地获得它的一切相应的理论和技术。

通俗地说：数字地球是指信息化的地球，或者说是地球的虚拟对照体。更深一个层次地说：数字地球应该是与空间有关的所有数据的数字化了的有机整体，涉及对这些数据的采集、传输、存储、处理、检索、决策分析和表达的所有相关理论和技术。

它不同于以往地球的描述方法主要表现在以下两个方面：①它是全球性的，将地球的所有信息归于一个单一的计算机环境中；②它是数字化的，所有的信息均以数字形式表示。

　　可以从2个层面来理解数字地球：一个层次，是将地球表面每一点上的固有信息即与空间位置直接有关的相对固定的信息(如地质、地貌、植被、建筑、水文等)数字化，按地理坐标组织起来，建造一个三维的数字地球，全面、详尽地刻画人们居住的这个星球；另一个层次，是在此基础上再嵌入所有相关的信息即与空间位置间接有关的相对变动的信息(如人文、经济、政治、军事、科学技术乃至历史等)，组成一个更加广泛的多维的数字地球，为各种应用服务。

6.1.4　数字地球的关键技术

　　以下是构筑解决数字地球问题基础的几个关键技术：

　　首先，沉浸式环境提供了一个信息存储和学习者之间进行交流的非常丰富的形式。不但没有因为其中一个媒介的约束而受到阻碍，而且没有因为可视化渠道或是狭义的地图概念的限制而受到制约。

　　其次，视觉将多种类型的数据合成在一起，地图制作者熟悉混合这两种类型的问题，凭他们的经验用符号来强化正射投影图片。通过将这些数据信息译成它们真正所代表的外形形式以便于交流，例如地形图和地面覆盖物数据。而别的数据不得不用符号来表示，例如人口数量、健康、环境质量的信息。数字地球更为根本地体现了一个新颖的数字信息组织形式和用户界面的构建方法，通过用户界面将整个地球呈现在电子计算机中。从这种意义上讲，它通过地理位置或地理图书馆有力地推动了信息查询。

　　数字地球提出的研究问题涉及许多学科：①暗含的规模范围至少超过四个等级的序列，从恰当地表现整个地球的10km的分辨率到用来表现邻近事物所需的1m分辨率。②将来数字地球将是以用户为中心的统一系统，而以往传统的几乎所有的地图制作者都持有独立于用户的观点。③数字地球中的模糊信息的问题，由于在支持协同工作服务中重要的作用，必须被解决。④如以上所提到的，数字地球必须应用符号和图标来表示。⑤数字地球环境应该了解和具有访问给定地方的信息的权限和入口。这就引发了在数字图书馆、票据交换所和万维网方面的关于信息查询和检索的许多有趣的技术问题；关于质量保险和信誉的社会公共机构的问题；知识产权和保密性的社会问题等。

　　虽然数字地球环境是一个沉浸式的虚拟的环境，但是数字地球的应用无须专门的硬件设备，其原理可以很好地用在传统的计算机结构上，即由用户、键盘、屏幕显示器和按键设备所构成的结构，是计算机技术与信息化技术完美的结合。

　　数字地球指的不仅仅是以往的数据，它还包括如下技术：一定的标准(包括表示全球地理数据的一般形式)；通信技术——数字地球需要新的技术来克服通信带宽的限制；数字地球所需的制图技术；虽然卫星影像覆盖了大面积的地球，但是地形的信息在数量等级和可用性上变化很大，这样就需要强大的全球空间数据基础设施的发展和需要合适的组织机构来协调它。

6.2 中国数字水利建设

6.2.1 形势和任务

1. 前所未有的发展好时期

当前，水利发展处于前所未有的发展好时期。1998年长江、松花江、嫩江大洪水引起了全社会的高度关注，水利发展从此步入了一个新的历史阶段。党的十五届三中全会、十五届五中全会强调了水利基础设施建设的重要性，将水资源的可持续利用提高到保障经济社会发展的战略高度。1998—2000年三年中中央水利基建投资总规模达1000亿元，投资强度是以往一般年份的3~4倍。2022年，全国完成水利建设投资10893亿元，同比增长44%，首次突破1万亿元关口。①

2. 水利在国民经济中的地位更加明确

党的十五届五中全会通过的《中共中央关于制定国民经济和社会发展第十个五年计划的建议》中明确提出：要"进一步加强水利、交通、能源等基础设施建设"。这就为水利在国民经济中所处的地位给予了明确回答。

"十一五"到"十四五"期间，中央继续实施积极的政策加强水利、交通等基础设施建设，中央水利基建投资保持较大的投资强度，这就为水利事业发展宏观上营造了难得的发展机遇。

3. 水利工作的三大中心任务业已确立

特有的地理位置和基本国情造成中国特有的三大水问题：洪涝灾害、干旱缺水和水污染。随着经济社会的发展和人口的增加，防洪排涝、解决水资源短缺及改善水环境的任务将更加繁重，因此，对水的问题要"全面规划，统筹兼顾，标本兼治，综合治理。坚持兴利除害结合，开源节流并重，防洪抗旱并举"。防洪除涝、解决水资源短缺和改善水环境

---

① 新华网. 前三季度我国完成水利建设投资8601亿元，2023-10-25.

是全体水利同仁面临的三大中心任务，一切水利工作都要围绕这三大中心任务展开。

4. 新的治水思路已经形成

新的治水思路核心是水资源可持续利用，中心内容是水利要从传统水利向现代水利、可持续发展水利转变，以水资源的可持续利用支持经济社会的可持续发展。

新的治水思路能够客观准确地反映人与自然、水利行业与国家宏观经济系统的关系，以及现代科学技术的发展脉搏，将对水利建设、管理、政务改革和水利科技的发展产生深远影响，为中国水利全面走向现代化提供行动指南。

6.2.2 数字水利建设动态

1. 3S 技术

由于绝大多数的水利工程都是在地球表面或表层修建的，水利建设包括水资源、水环境、防洪抗旱、水土保持、农田水利、河道整治、水力发电及调水工程等无不与空间地理有密切关系。水利行业自 20 世纪 80 年代初开始应用遥感(remote sensing，RS)技术，即通过对地观测获取信息；对地理信息系统(geographic information system，GIS)的使用则始于 20 世纪 80 年代中后期，在经历了认识了解和初步应用这两个阶段后，现已步入深入应用的阶段，且很快就与生产实际紧密地结合起来；全球定位系统(global positioning system，GPS)在水利行业的应用始于 20 世纪 90 年代初，但发展非常迅速，在地面及水下地形测绘中的运用已很普遍。

尽管作为"数字地球"技术基础的 3S(RS，GIS，GPS)技术在水利行业的应用还远远没有发挥它们的潜力，但已经发挥了重大作用。利用 RS 和 GIS 技术，快速准确地为决策部门提供了以下有关灾害、资源、水雨工社情等方面的调查、监测及统计数据：工程规划与管理、灾情评估、水资源水环境调查、土地资源调查等信息。

除了提供上述调查、监测和统计数据外，3S 技术作为一种新的技术手段，与传统手段相结合，还在防灾减灾、水资源开发利用以及水利工程规划、建设和管理等方面发挥了重要作用。

日前正在启动的国家防汛指挥系统工程将在数据传输方面采用通信卫星和安全的网络技术；用遥感技术监测洪涝灾害；在七大江河流域建立的以 GIS 技术为支撑的包括社会经济、水体、水利工程、地形、土地利用、行政边界、交通、通信、生命线工程等数据层的分布式防洪基础背景数据库；完善水文及灾害预报这些以空间数据为基础的虚拟地球的技术；虚拟现实技术、增强现实技术及孪生数字技术使得防灾减灾异地会商和远程监控成为可能。

在上述技术的基础上，可以在灾前作洪水预报及对未来各种降雨情况下的水情进行模拟；可以针对洪水预报作出多个调度预案，进行后效与损失比较，为决策提供依据；可根据决策，优化分洪区居民撤离、抢险物资及救灾物资的输运路线；可对灾情的发展作出空间与时间上的预测；可对灾后重建进行规划。总而言之，将在真正意义上做到防洪减灾，把损失减少到最小。

2. 水利视频监控系统

水利视频监控系统是"数字水利"在防洪方面的一个雏形，具有统一的数据定义、格式和交换标准，是数字水利的重要组成部分，也是数字水利系统建设中的热点和亮点。工作人员通过该系统可在监控中心或者工作计算机上实时监控各个水利设施，实时观测水资源现状，大大提高了工作效率；而在抗洪救灾中，通过该系统也可实现远程观测和指挥，对于因气候和环境恶劣而人员难以达到的地区，本系统更是起到了不可替代的作用。

流域联网监控逐渐成为主流。以往水利视频监控以单个水利工程设施监控为主，往往附属在闸门控制系统中，为本地工作人员服务。近几年出现了以流域和大区域为单位的大型联网监控系统，该类系统可供工作人员远程监察各级水利设施状况，同时避免由于只看到单个水利设施而无法了解上下游各个相关站点情况的尴尬局面，在防汛抗洪过程中为各级领导提供了全局决策依据。在此情况下，新建水利视频监控系统必然将远程监控以及流域的整体监控作为必备的技术要求，同时已建监控点也将逐步实现联网改造和接入。各省水利管理部门为适合这种发展趋势逐步出台了相应的配套标准，以期实现水利视频监控的标准化，相关厂家也及时跟进这一标准化过程。

以往水利视频监控系统主要为防汛抗洪服务，在汛期保障水利设施的安全。随着视频监控系统在水利行业的进一步推广，系统将逐渐在水利部门的日常管理中发挥作用，例如用于水资源管理、水利设施周边安全、航运管理及水体环境监测。

预计水体污染监控将成为下一个应用热点，届时高清晰度视频监控系统更能发挥作用，能对污染物的分布和发展趋势等进行有效的远程观测，同时应实现和环保监测设备及系统的有效联动，获取相关的污染指标数据并和视频形成统一的数据备份，作为领导决策和执行的依据。

3. 无线网络通信技术

由于水库大坝等水利监控点分布在较广阔的范围内，与监控中心的距离较远，利用传统的有线连接方式，线路铺设成本高昂，且施工周期长，有时因为河流山脉等障碍难以架设线缆，这些问题均可采用无线方式进行解决，所以无线传输方式在水利行业监控系统中比较受青睐，其所占比例越来越高。现有无线网络主要有以下几种：

（1）卫星通信网技术；

（2）微波数据网传输技术；

（3）基于运营商的无线网络传输技术；

（4）无线局域网技术（包含 WiMAX 技术）。

卫星通信网技术由于成本较高，过去水利部门多采用微波数据网传输技术进行视频传输和通信。虽然微波数据网传输技术成本较低，但通信效果较差。随着北斗卫星导航系统的建设，北斗卫星通信网技术在水利行业得到越来越普遍的应用。

6.3　数字流域建设

6.3.1　数字流域建设的重要性

对于人们所处的地球，流域是涉及人类发源和生存的基本组成部分。文化的形成以及在流域里的人口和财富的集中，城镇和乡村的建设以及大城市的发展，工农业生产和社会经济中心的形成等，都是从流域开始的，同时，现代经济的发展与流域的资源密切相关。所以"数字水利"的核心应该是"数字流域"。

水是生命之源，也是人类及一切生物赖以生存的物质基础。从人类的发展来看：一个民族、一种文化的形成无不是与一个或几个流域息息相关的。例如，两河流域及尼罗河流域是古代西方文明的摇篮，印度河和恒河是印巴人民的休养生息之地。

我们中华民族及其灿烂的民族文化则是以母亲河——黄河和父亲河——长江为源泉。因此，流域是人类文明的发源地。

水能载舟，亦能覆舟。纵观中国历史，影响最大、造成的损失最严重、且发生最为频繁的灾害莫过于水灾和旱灾。据不完全统计，从公元前 206 年到 1949 年的 2155 年间，我国共发生较大的水灾 1092 次，较大旱灾 1056 次，几乎每年都有一次较大的水灾或旱灾。

然而，洪涝灾害和旱灾都具有流域的特征。一方面，我们都清楚地记得 1998 年长江流域、嫩江和松花江流域的全流域特大洪水，给流域内人民生命财产造成了极大的损失，对全国的经济增长产生了很大的影响。另一方面，黄河下游近几年来年年断流，且断流河长在不断增加，断流时间在不断延长，给下游的生态环境造成重大的影响，且严重地影响了人民的生活，阻碍了经济发展。要根治断流，必须得从全流域考虑，采取一系列的措施，如保护植被，退耕还林，退耕还草，科学地调度水资源，节约用水等。

建设数字流域，无疑将为全流域生态环境保护、经济建设、水资源可持续利用的宏观战略提供强有力的技术支撑。可以说：中华文明史是一部与水灾、旱灾作斗争的历史。从大禹治水、李冰父子修建举世闻名的都江堰，到现在的变水害为水利，都说明了治水的重要战略意义，治水是兴国安邦的根本大计。

6.3.2 数字地球与数字流域

数字流域是数字地球的有机组成部分，是数字地球中有关流域的信息集合。具体地说，数字流域是把流域及与之相关的所有信息数字化，并用空间信息的形式组织成一个有机的整体，从而有效地从各个侧面反映整个流域完整的、真实的情况，并提供对信息的各种调用要求。

6.3.3 数字流域的组成及作用

数字流域是一个以流域空间信息为基础，融合流域内各种数字信息的系统平台，是对真实流域及其相关现象的统一的数字化重现。它把流域搬进了实验室和计算机，成为真实流域的虚拟对照体。

数字流域由各种信息的数据库和数据采集、分析、交换、管理等子系统组成，可以根据不同的需要，对不同时间的数据进行比较分析，透视其变化规律。

数字流域综合运用遥感、地理信息系统、全球定位系统、网络技术、多媒体及虚拟现实等现代高新技术对全流域的地理环境、自然资源、生态环境、人文景观、社会和经济状态等各种信息进行采集和数字化管理，构建全流域综合信息平台和三维影像模型，使各级部门能够根据所获取的流域动态信息，做出科学的资源利用与开发决策，促进整个流域的经济建设和社会发展。

6.3.4 虚拟现实技术在数字流域中的应用

虚拟现实(virtual reality)技术也称为虚拟技术、虚拟环境，是 20 世纪发展起来的一项全新的实用技术，是利用计算机模拟产生一个三维空间的虚拟世界，提供用户关于视觉等感官的模拟，让用户感觉仿佛身临其境，可以即时、没有限制地观察三维空间内的事物。随着科技的发展，虚拟现实技术也取得了巨大进步，并逐步成为一个新的科学技术领域。

利用数字流域水文地理信息平台建立洪水演进仿真模拟系统，对全流域进行动态实时的二维仿真，可以为抗洪减灾提供科学的决策支持，实现在真实的二维地形上虚拟漫游，对防洪减灾策略做预演和模拟。政府官员只需人在办公室，就可以身临其境地实地查看河流险情，观察洪水漫延以及被淹地区的受灾情况；并在网上"会商"之后，及时做出防洪减灾的科学决策。

6.3.5　数字流域系统框架

"数字流域"是以流域为对象,应用遥感(RS)、数据采集系统(data collecting system, DCS)、地理信息系统(GIS)、全球定位系统(GPS)、网络和多媒体技术、现代通信等高科技手段,对流域及其相关地区的自然、经济、社会等复杂系统进行数字化数字整合、虚拟仿真的信息集成应用系统,并提供流域问题决策支持的可视化表现,增强决策的科学性和预见性。图 6.1 为数字流域总体框架图;图 6.2 为数字流域系统结构图。

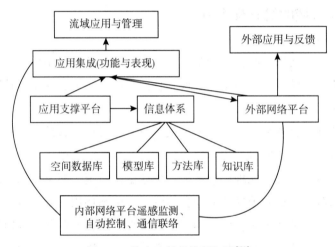

图 6.1　数字流域总体框架图[31]

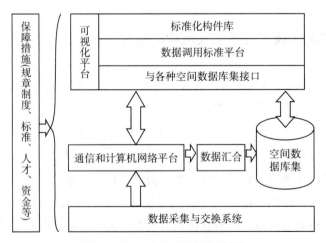

图 6.2　数字流域系统结构图[32]

由此可见，数字流域是一个庞大而复杂的系统工程。它涉及当今众多的高科技领域，如地理信息系统技术、遥感技术、高速网络技术、海量存储技术、虚拟现实技术等。需要多学科的密切合作，并采取统一规划、分步实施、重点突破的战略，方能逐步实现。

第7章 "3S"技术原理及其应用

7.1 GIS

7.1.1 GIS 的定义、框架及组成

所谓 GIS,简单地说,是一种对地理信息进行采集、传输、存储、处理、分析和显示,为用户提供准确的、完整的、有效的、及时的地理信息服务的计算机系统。专业地说,是在计算机硬、软件系统支持下,对整个或部分地球表层(包括大气层)空间中的有关地理分布数据进行采集、储存、管理、运算、分析、显示和描述的技术系统,它是集计算机科学、地理学、测绘遥感学、环境科学、城市科学、空间科学、信息科学和管理科学为一体的新兴边缘学科。

地理信息系统是以地理空间数据库为基础,在计算机软硬件支持下,对空间相关数据进行采集、管理、操作、分析、模拟和显示,并采用地理模型分析方法,实时提供多种空间和动态的地理信息,为地理研究和地理决策服务建立起来的计算机技术系统。地理信息系统是一种兼容、存储、管理、分析、显示和应用地理信息的计算机系统,是分析和处理海量地理信息的通用技术。

需要注意的是:GIS 中"地理"的概念并非指地理学,而是广义地指地理坐标参照系统中的研究对象的位置、空间关系和实体特性,以及以此为基础而演绎、提取的各种信息。GIS 重视空间概念和区域概念,强调空间关系,强调空间分析。

GIS 概念框架如图 7.1 所示。

一个实用的 GIS,要支持对空间数据的采集、管理、处理、分析、建模和显示等功能,其基本组成一般包括以下 5 个主要部分:系统硬件、系统软件、空间数据、应用人员和应用模型。

GIS 的 5 个主要组成部分之间的关系如图 7.2 所示，图 7.3 为地理信息系统主要结构图。

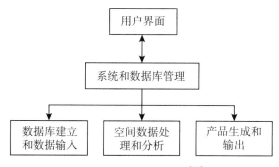

图 7.1 GIS 概念框架[33]

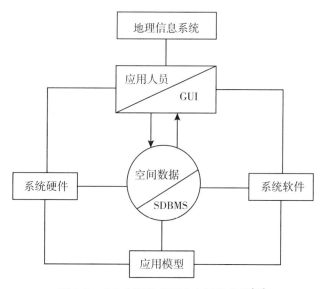

图 7.2 GIS 主要组成部分之间的关系[33]

7.1.2 GIS 的特点

GIS 的物理基础是计算机技术系统，理论基础是地学系统理论。GIS 从外部来看，它表现为计算机软硬件系统；而其内涵却是由计算机程序、模型和地理数据组织而成的地理空间信息系统，是一个逻辑缩小的、高度信息化的地理系统。

具有采集、管理、分析和输出多种地理空间信息的能力；以地理研究和地理决策为目的，以地理模型方法为手段，具有空间分析、多要素综合分析和动态预测的能力；并能产生高层次的地理信息。

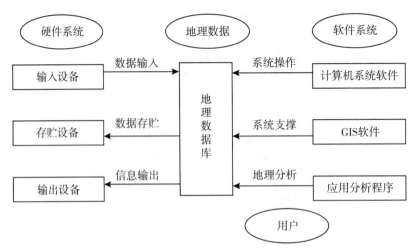

图 7.3 地理信息系统主要结构图[34]

具有公共的地理定位基础,所有的地理要素,要按经纬度或者特有的坐标系统进行严格的空间定位,才能使具有时序性、多维性、区域性特征的空间要素进行复合和分解,将隐含其中的信息变为显示表达,形成空间和时间上连续分布的综合信息基础,支持空间问题的处理与决策。

由计算机系统支持进行空间地理数据管理,并由计算机程序模拟常规的或专门的地理分析方法,作用于空间数据,产生有用信息,完成人类难以完成的任务。

地理信息系统的特点:

(1)空间分布性;

(2)时间趋势性;

(3)层次性;

(4)动态性和开放性;

(5)模糊性和精确性;

(6)整体性和综合性。

7.1.3 GIS 的分类及空间数据类型

1. GIS 分类

GIS 发展迅速,应用广泛,GIS 的类型划分也无一定之规。一般地,可根据 GIS 的研究内容、功能、作用等对 GIS 进行类型划分[35]。

根据服务对象:专题 GIS、区域 GIS、GIS 系统工具。(例如,人口地理信息系统、中

卫市国土管理信息系统、ArcGIS)

根据应用领域：资源管理系统、环境管理系统、土地信息系统、地学信息系统等。

根据数据结构：栅格型、矢量性、混合性。

GIS 分类详见表 7.1。

表 7.1 GIS 分类[35]

GIS 类型	按功能划分	应用功能	工具型 GIS
			应用型 GIS：可再分为专题 GIS 和区域 GIS
			大众型 GIS
		软件功能	专业 GIS(professional GIS)
			桌面 GIS(desktop GIS)
			手持 GIS(hand-held GIS)
			组件 GIS(component GIS)
			GIS 浏览器(GIS viewer)
	按数据结构划分		矢量 GIS
			栅格 GIS
			矢量-栅格 GIS
	按数据维数划分		2DGIS
			3DGIS
			TGIS(时态 GIS)
	按软件开发模式 与支持环境划分		GIS 模块
			集成式 GIS
			模块化 GIS
			核心式 GIS
			组件式 GIS 和 Web GIS
			互操作 GIS

2. 空间数据类型

GIS 空间数据结构类型见图 7.4，栅格型和矢量型数据模型比较见表 7.2[36]。

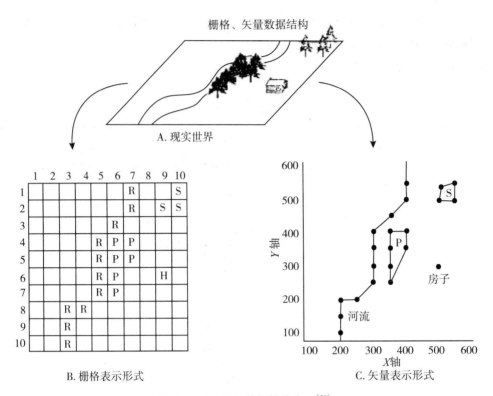

图 7.4　GIS 空间数据结构类型[36]

表 7.2　　　　　　　　　　　**矢量数据模型与栅格模型比较**[36]

栅格模型	矢量模型
优点：	优点：
1. 数据结构简单；	1. 提供更严密的数据结构；
2. 叠加操作易实现，更有效；	2. 提供更有效的拓扑编码，因而对需要拓扑信息的
3. 能有效表达空间可变性；	操作更有效，如网络分析；
4. 栅格图像便于做图像的有效增强。	3. 图形输出美观，接近于手绘。
缺点：	缺点：
1. 数据结构不严密不紧凑，需用压缩技术解决这	1. 比栅格数据结构复杂；
个问题；	2. 叠加操作没有栅格有效；
2. 难以表达拓扑关系；	3. 表达空间变化性能力差；
3. 图形输出不美观，线条有锯齿，需要增加栅格	4. 不能像数字图像那样做增强处理。
数量来克服，但会增加数据文件。	

7.1.4 GIS 与其他系统的区别与联系

GIS 有别于数据库管理系统(data base management system, DBMS)。GIS 具有以某种方式对空间数据进行解释、判断和分析的能力,而不是简单的数据管理,这种能力使用户能得到数据中包含的信息。因此,GIS 是能对空间数据进行分析的 DBMS,GIS 必须包含 DBMS。

GIS 有别于管理信息系统(management information system, MIS)。GIS 要对图形数据和属性数据库共同管理、分析和应用,GIS 的软硬件设备要复杂、系统功能要强;MIS 则只有属性数据库的管理,即使存贮了图形,也是以文件形式管理,图形要素不能分解、查询、没有拓扑关系。管理地图和地理信息的 MIS 不一定就是 GIS,MIS 在概念上更接近 DBMS。

GIS 有别于地图数据库(cartographic database, CDB)。地图数据库仅仅是将数字地图有组织地存放起来,不注重分析和查询,不可能去综合图形数据和属性数据进行深层次的空间分析,提供辅助决策的信息,它只是 GIS 的一个数据源。

GIS 有别于计算机辅助设计(computer aided design, CAD)系统。二者虽然都有参考系统,都能描述图形,但 CAD 系统只处理规则的几何图形,属性库功能弱,更缺乏分析和判断能力。

表 7.3 为地理信息系统(GIS)与管理信息系统(MIS)的区别。

表 7.3   **地理信息系统(GIS)与管理信息系统(MIS)的区别**[33-37]

比较项目	GIS	MIS
数据类型	有空间分布特性,由点、线、面及相互关系构成	主要为属性数据和统计分析数据
数据源	图形图像及地理特征属性	表格、统计数据、报表
输出结果	图形图像产品、统计报表、文字报告、表格	表格、报表、报告
硬件配置	外设:数字化仪、扫描仪、绘图仪、打印机、磁带机。主机:要求高档微机或工作站	打印机、键盘、一般微机
软件	要求高,价格昂贵,如:ARC/INFO、微机版约 3 万元,工作站版约 5 万~10 万元	要求低、便宜、标准规格统一,如 ORACAL FOXBASE 等

续表

比较项目	GIS	MIS
处理内容(采用目的或分析内容)	用于系统分析、检索、资源开发利用或区域规划,地区综合治理,环境检测,灾害预测预报	查询、检索、系统分析、办公管理。如 OS
工作方式	人机对话,交互作用程度高	人为干预少
两者均以计算机为核心,数据量大而复杂(共同点)		

7.1.5　GIS 的基本功能

1. GIS 的基本功能需求

地理信息系统将现实世界从自然环境转移到计算机环境,其作用不仅仅是真实环境的再现,更主要的是 GIS 能为各种分析提供决策支持。也就是说,GIS 实现了对空间数据的采集、编辑、存储、管理、分析和表达等加工和处理,其目的是从中获得更加有用的地理信息和知识。这里"有用的地理信息和知识"可归纳为位置、条件、趋势、模型和模拟等 5个基本问题,GIS 的价值和作用就是通过对地理对象的重建和空间分析工具,实现对这 5个基本问题的求解[35]。

1) 位置

位置问题回答"某个地方有什么"。一般通过地理对象的位置(坐标、街道编码等)进行定位,然后利用查询获取其性质,如建筑物的名称、地点、建筑时间、使用性质等。位置问题是地理学领域最基本的问题,反映在 GIS 中,则是空间查询技术。

2) 条件

条件问题即"符合某些条件的地理对象在哪里"的问题,它通过地理对象的属性信息列出条件表达式,进而查找满足该条件的地理对象的空间分布位置。在 GIS 中,条件问题虽然也是查询的一种,但特指较为复杂的查询问题。

3) 趋势

趋势即某个地方发生的某个事件及其随时间的变化过程。它要求 GIS 能根据已有的数据(现状数据、历史数据等),对现象的变化过程做出分析判断,并能对未来做出预测和对过去做出回溯。例如,在地形演变研究中,可以利用现有的和历史的地形数据,对未来地形做出分析预测，也可展现不同历史时期的地形发育情况。

4）模式

模式问题即地理对象实体和现象的空间分布之间的空间关系问题。例如，城市中不同功能区的分布与居住人口分布的关系模式；地面气温随海拔升高而降低导致山地自然景观呈现垂直地带分异的模式等。

5）模拟

模拟是在模式和趋势的基础上，建立现象和因素之间的模型关系，从而发现具有普遍意义的规律。例如，在对某一城市的犯罪率和酒吧、交通、照明、警力分布等关系研究的基础上，对其他城市进行相关问题研究，一旦发现带有普遍意义的规律，即可将研究推向更高层次，建立通用的分析模型，并进行相应的预测和决策。

2. GIS 基本功能的实现

1）GIS 数据采集功能的实现

数据采集是 GIS 的第一步，即通过各种数据采集设备如遥感传感器、数字化仪、全站仪等来获取现实世界的描述数据，并输入 GIS。GIS 应该尽可能提供与各种数据采集设备的通信接口。图 7.5 为 GIS 数据采集功能的实现[35]。

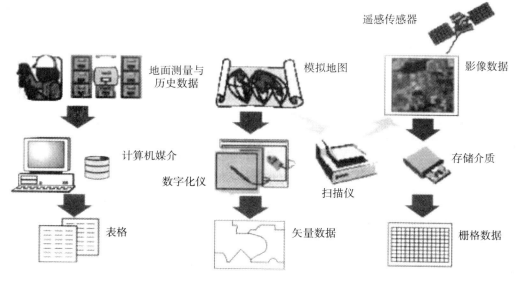

图 7.5　GIS 数据采集功能的实现[35]

2) GIS 数据编辑与处理功能的实现

数据采集获取的数据称之为原始数据，原始数据不可避免地含有误差。为保证数据在内容、逻辑、数值上的一致性和完整性，需要对数据进行编辑、格式转换、拼接等一系列的处理工作。也就是说，GIS 应该具有强大的、交互式的编辑功能，包括图形编辑、数据变换、数据重构、拓扑建立、数据压缩、图形数据与属性数据的关联等。图 7.6 为 GIS 数据编辑与处理功能的实现[35]。

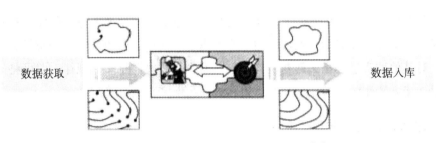

图 7.6　GIS 数据编辑与处理功能的实现[35]

3) GIS 数据存储、组织与管理功能的实现

计算机的数据必须按照一定的结构进行组织和管理，才能高效地再现真实环境和进行各种分析。由于空间数据本身的特点，一般信息系统中的数据结构和数据库管理系统并不适合管理空间数据，GIS 必须发展自己特有的数据存储、组织和管理的功能。

如前所述，GIS 数据结构主要有矢量数据和栅格数据两种，而数据的组织和管理则有文件-关系数据库混合管理模拟模式、全关系型数据管理模式、面向对象数据管理模式等。图 7.7 为 GIS 数据存储、组织与管理功能的实现。

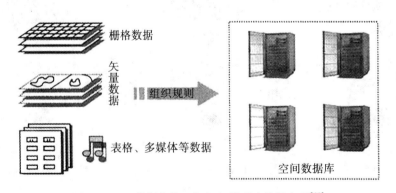

图 7.7　GIS 数据存储、组织与管理功能的实现[35]

4）GIS 空间查询与空间分析功能的实现

虽然数据库管理系统一般提供了数据库查询语言，如 SQL 语言。但是，对于 GIS 而言，需要对通用数据库的查询语言进行补充或重新设计，使之支持空间查询。

空间分析是比空间查询更深层次的应用，其内容更加广泛。主要包括：地形分析、土地适应性分析、网络分析、叠置分析、缓冲区分析、决策分析，等等。

图 7.8 为 GIS 常用的空间分析功能的实现[37]。

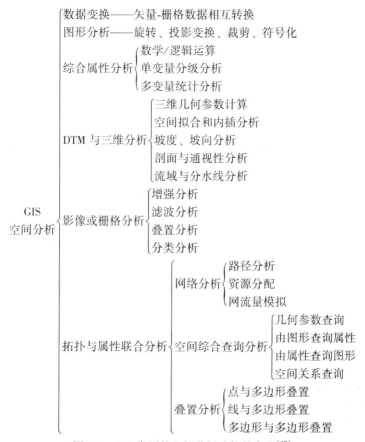

图 7.8　GIS 常用的空间分析功能的实现[37]

5）GIS 数据输出功能

通过图形、表格和统计图表显示空间数据及分析结果是 GIS 的重要功能。作为可视化工具，不论是强调空间数据的位置还是分布模式甚至分析结果的表达，图形是传递空间数据信息最有效的工具。GIS 脱胎于计算机制图，因而 GIS 的一个主要功能就是计算机地图制图，包括地图符号的设计、配置与符号化、地图注记、图幅整饰、统计图表制作、图例与布局等项内容。此外对属性数据也要设计报表输出，并且这些输出结果需要在显示器、打印机、绘图仪或数据文件输出。图 7.9 为某流域土地利用 GIS 数据输出示例[38]。

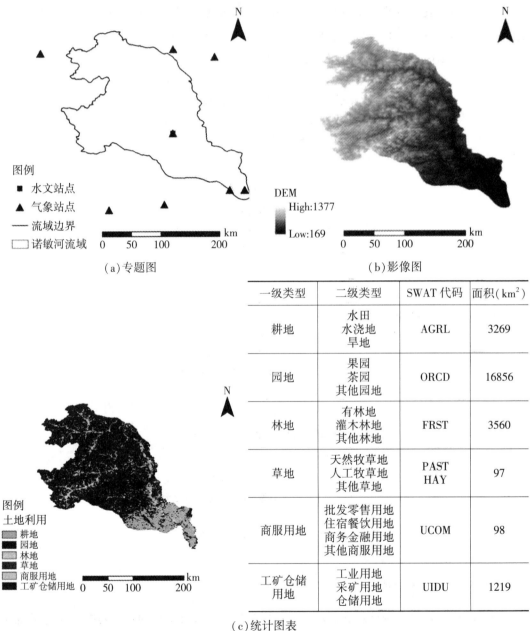

一级类型	二级类型	SWAT 代码	面积(km²)
耕地	水田 水浇地 旱地	AGRL	3269
园地	果园 茶园 其他园地	ORCD	16856
林地	有林地 灌木林地 其他林地	FRST	3560
草地	天然牧草地 人工牧草地 其他草地	PAST HAY	97
商服用地	批发零售用地 住宿餐饮用地 商务金融用地 其他商服用地	UCOM	98
工矿仓储 用地	工业用地 采矿用地 仓储用地	UIDU	1219

(a)专题图   (b)影像图

(c)统计图表

图 7.9　某流域土地利用 GIS 数据输出示例[38]

7.1.6　GIS 的研究内容及其构成

1. GIS 主要研究内容

GIS 是现代科学技术发展和社会需求的产物，也是当今应用最广泛的信息技术。人口、资源、环境、灾害是影响人类生存与发展的四大基本问题，为了解决这些问题，必须自然科学、工程技术、社会科学等多学科、多手段联合攻关。一方面，地理信息系统广泛而深入的应用使其技术方法不断发展、完善，并促进其相关理论研究的发展和深入；另一方面，理论研究的开展、技术方法的更新和进步又进一步指导开发新一代高效地理信息系统，并推动和拓展其应用的广度和深度。就目前的认识水平，GIS 的主要研究内容包括基本理论、技术系统及应用方法等三方面，而每个方面又涵盖若干个分支，如图 7.10 所示[37]。

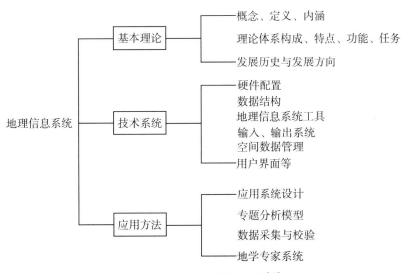

图 7.10　GIS 主要研究内容[37]

2. GIS 构成

GIS 主要由四个部分构成，即硬件系统、软件系统、地理空间数据和用户。空间数据库反映了 GIS 的地理内容，而硬件系统、软件系统和用户则决定系统的工作方式和信息表达方式。地理信息系统的结构可简单表示为图 7.11[35]，其系统架构可以综合表示为图 7.12[37]。

图 7.11　GIS 结构[35]

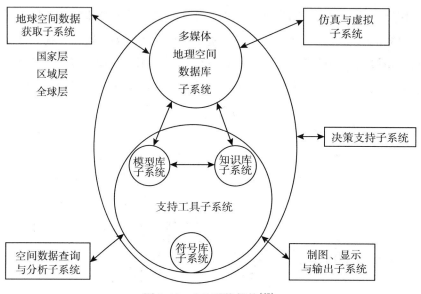

图 7.12　GIS 系统架构[37]

1）GIS 硬件系统

　　GIS 硬件是系统中的实际物理装置的总称，可以是电子的、电的、磁的、机械的、光的元件或装置，是 GIS 的物理外壳。GIS 系统的规模、精度、速度、功能、形式、使用方法甚至软件都与硬件有极大的关系，受硬件指标的支持或制约。GIS 由于其任务的复杂性和特殊性，必须由计算机等硬件设备支持。构成的基本组件包括数据采集、输入、输出设备、中央处理单元、存储器(包括主存储器、辅助存储器)等。这些硬件组件协同各种要素，向计算机系统提供必要的信息，使其完成任务；保存数据以备现在或将来使用，将处理得到的结构或信息提供给用户。GIS 硬件设备主要包括如下 6 个部分，图 7.13 所示为 GIS 硬件系统的常用硬件配置[39]。GIS 硬件系统结构详见图 7.14[35]。

　　(1)数据采集设备：各种测绘仪器、遥感传感器及摄影设备等。

（2）数据处理设备：计算机主机（CPU、内存等）。

（3）存储设备：硬盘、光盘、软盘、磁带、U 盘及其驱动器。

（4）数据输入设备：键盘、鼠标、数字化仪、扫描仪、解析测图仪、遥感图像处理设备、CAD 系统等。它们都有数字接口可与计算机连接。

（5）数据输出设备：图形显示终端、绘图仪、打印机、刻盘机，以及多媒体输出装置，它们将以图形、图像、文件、报表、数据、声音等方式输出结果。

（6）网络设备：网线、网卡、集线器、交换机、通信卫星等其他通信网专用设置，用以完成信息的高速交流与共享。

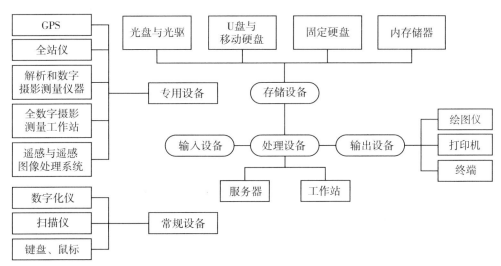

图 7.13 GIS 硬件系统的常用硬件配置[39]

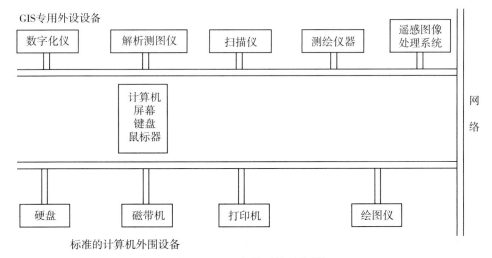

图 7.14 GIS 硬件系统结构[35]

2) GIS 软件系统

(1) GIS 软件系统构成

GIS 软件系统是指 GIS 运行所必需的各种程序，通常包括 GIS 支撑软件、GIS 平台软件和 GIS 应用软件三类(图7.15所示)。其中，GIS 支撑软件是指 GIS 运行所必需的各种软件环境，如操作系统、数据库管理系统、图形处理系统等；GIS 平台软件包括 GIS 功能所必需的各种处理软件，一般包括空间数据输入与转换、空间数据编辑、空间数据管理、空间查询与空间分析、制图与输出等5部分，称之为 GIS 的5大子系统(见图7.16)；GIS 应用软件一般是在 GIS 平台软件基础上，通过二次开发所形成的具体的应用软件，一般是面向应用部门的[35]。

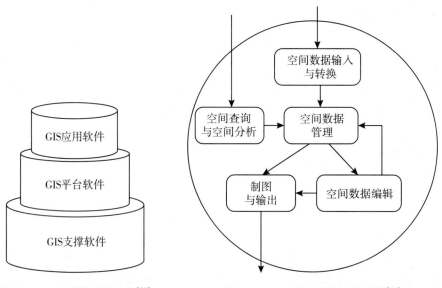

图7.15 GIS 软件系统结构[35]　　　　图7.16 GIS 平台软件功能模块[35]

(2) GIS 软件配置

GIS 软件有两类，分别为：①GIS 基础软件(包括录入软件、编辑软件、管理软件、分析软件、输出软件)；②GIS 二次开发软件。图7.17 为 GIS 的软件配置[36]。

(3) GIS 软件的功能

GIS 软件功能有四类，分别为：数据输入与校验；数据存储与管理；数据变换；数据(信息)输出；用户接口。

通用 GIS 软件系统既独立于各种具体的应用系统，又为这些应用系统进一步扩展提供有力的技术支持，因此它是加速 GIS 产业发展和应用的关键。通用 GIS 软件工具的功能越

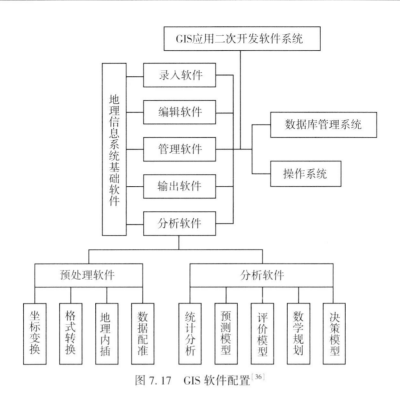

图 7.17 GIS 软件配置[36]

齐全、性能越可靠，它的应用范围越广泛，产生的效益就越显著。不同规模和水平的 GIS 通用软件工具，其内容和技术水平可能有很大的差别。就 GIS 的计算机硬件规模而言，目前大体上可分为微型机和工作站或中小机型两类。在开发 GIS 软件系统时，要注意不同机型和软件技术的水平配套。为此，要尽可能采用一致的数据结构和格式，使不同规模的软件工具能联网运行，以便充分有效地实现系统资源的共享利用，减少不必要的重复浪费。

GIS 软件功能一般包括如下主要部分或模块(图 7.18)。

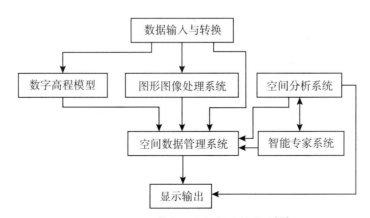

图 7.18 地理信息系统软件功能模块[40]

3）地理空间数据

地理空间数据是指以地球表面空间位置为参照的自然、社会和人文经济景观数据，可以是图形、图像、文字、表格和数字等，是系统程序作用的对象，是 GIS 对现实世界的模型抽象表示。

从数据存储格式上，地理数据分为两大类：即矢量数据和栅格数据，这与其所描述的地理现象有关。地理现象可分为两大类：离散的和连续的。离散的现象是可识别的对象，具有相对明确的边界和空间范围，如建筑物、河流和各类测量点；连续的现象随空间而变化，且没有明确的范围，如气温、土壤成分和高程[41-42]。栅格数据与矢量数据之间可以转换，通常可采用直接转换法或间接转换法来实现。图 7.19 为栅格数据向矢量数据转换示例，采用以特定的矢量数据单元来提取栅格数据值的方法，通过将矢量单元与栅格数据叠加，间接达到栅格数据向矢量数据转换的目的[41]。

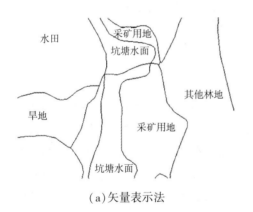

（a）矢量表示法

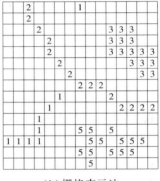

（b）栅格表示法

（1. 河流；2. 道路；3. 湖泊；5. 居民地）

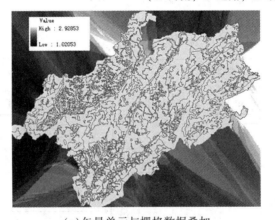

（c）矢量单元与栅格数据叠加

图 7.19　栅格数据向矢量数据转换示例

GIS 是一个动态的地理模型，是一个交互系统，人是 GIS 中的重要构成因素。

系统需要人进行系统的组织、管理、维护和数据的更新、扩充、完善、应用，为研究和决策服务。系统的运用关键在于人的相关能力。

一个周密规划的地理信息系统项目应包括系统设计和执行的项目经理、信息管理的技术人员、系统用户化的应用工程师，以及最终运行系统的用户。

目前在一个 GIS 应用项目中，硬件的费用比例在不断降低，软件与人员的费用比例在不断上升。

4) 系统的应用模式

GIS 的应用模式，主要有单机式、局域网模式和广域网模式，分别如图 7.20~图 7.22 所示。

（1）单机式。

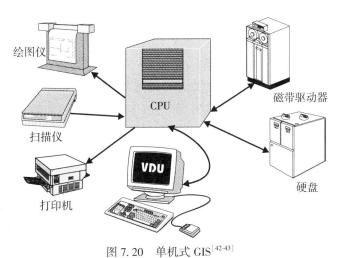

图 7.20　单机式 GIS[42-43]

（2）局域网模式。

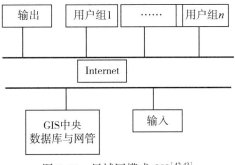

图 7.21　局域网模式 GIS[42-43]

（3）广域网模式。

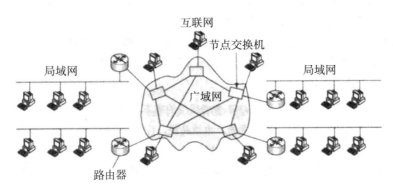

图 7.22 广域网模式 GIS[42-43]

目前，广域网技术在很多领域得到应用。张平波等（2009）[44]对 Power Cell（一种支持多业务类型的广域网技术）在地面广域网及卫星通信中的应用加以研究，该技术通过对数据、话音及其他类型数据流的协议排队、分段压缩和复用，使得多业务在一个广域网中快速可靠地传输，特别是保证延迟敏感数据的加速处理，同时避免不敏感数据的处理。Power Cell 是 Verso 公司的一个私有协议，可支持多业务类型，如数据、视频、话音、传真和局域网在一个广域网中快速可靠地传输。Power Cell 技术借鉴了 ATM（Asynchronous Transfer Mode，异步传送模式）技术中小信元的使用，减少了交换的复杂性和延迟性，有效地利用了网络资源。同时，可变长度的信元提高了信元的利用率。对不同类型业务数据进行高效的优先级排序来降低传输延迟和保证延迟敏感业务（语音/传真）的 QoS（Quality of Service，服务质量）。高性能的数据压缩和高效的数据复用提高了吞吐率和降低了通信成本。图 7.23 为该技术在多种场合下的应用示意图。

5）GIS 软件类型

（1）专业 GIS（Professional GIS）；

（2）桌面 GIS（Desktop GIS）；

（3）手持 GIS（Hand-held GIS）；

（4）组件 GIS（Component GIS）；

（5）GIS Viewer；

（6）网络 GIS（Internet GIS）；

（7）其他（如基于 CAD 的 GIS 等）。

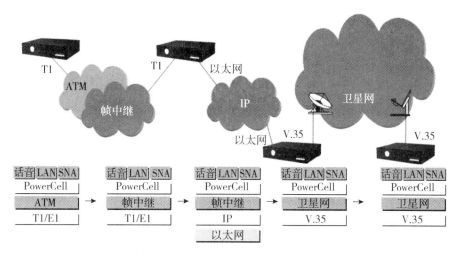

图 7.23 广域网技术 Power Cell 的多种应用场合示意图[44]

6）GIS 主要软件

表 7.4 为 GIS 主要软件。

表 7.4   **GIS 主要软件**[45-46]

	Autodesk	ESRI	Intergraph	MapInfo	GE Smallworld
Internet	MapGuide	ArcIMS	GeoMedia Web Map	MapXtreme, MapXSite	Smallworld Internet App Server
Viewer	AutoCAD LT	ArcExplorer	GeoMedia Viewer	ProViewer	
Component		MapObjects	GeoMedia	MapX，MapJ	Smallworld
Hand-held	OnSite	ArcPad		MapXtend	Scout
Desktop		ArcView	GeoMedia	MapInfo Pro	Spatial intelligence
Professional	AutoCAD	ArcInfo	GeoMedia Pro	MapInfo Pro	Smallworld GIS
DB Server		ArcSDE		SpatialWare	Smallworld GIS

7.1.7　GIS 与相关学科及技术的关系

地理信息系统的发展明显地体现出多学科交叉的特点，这些交叉的学科包括地理学、地图学、摄影测量学、遥感技术、数学和统计科学、计算机科学，以及一切与处理和分析空间数据有关的学科。作为传统科学与现代技术相结合的产物，地理信息系统的核心是空间分析，地理信息系统为各种涉及空间分析的学科提供了新的研究方法，而这些学科的发展也不同程度地构成了地理信息系统的技术与方法。尽管 GIS 涉及众多的学科，但与之联系最为紧密的还是地球信息系统、地理学、制图学、测绘与遥感、计算机科学与技术等[47]。

地球信息科学或广义的地理信息系统包括理论、技术和应用三部分。应用信息论、控制论和系统论形成了地球信息科学的方法论；区域的可持续发展和全球变化构成了地球信息科学的应用部分；地球信息学通过对地球圈层间信息传输过程与物理机制研究来揭示地球信息机理，它是地球信息科学的理论基础。信息的获取和监测、信息的模拟、信息的传播与建设构成了地球信息系统的技术部分(图 7.24)。

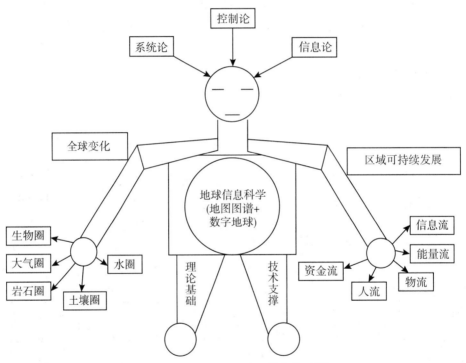

图 7.24 地球信息系统的科学体系[47]

GIS 是现代科学技术发展和社会需求的产物。人口、资源、环境、灾害是影响人类生存与发展的 4 大基本问题。为了解决这些问题必须进行自然科学、工程技术、社会科学等多学科、多手段联合攻关。于是，许多不同的学科，包括地理学、测量学、地图制图学、摄影测量与遥感、计算机科学、数学、统计学以及一切与处理和分析空间数据有关的学科，都在寻找一种能采集、存储、检索、转换、处理和显示输出从自然界和人类社会获取的各式各样数据、信息的强有力工具，其归宿就是地理信息系统，或称空间信息系统，资源与环境信息系统。因此，GIS 具有明显的多学科交叉的特征，它既要吸取诸多相关学科的精华和营养，并逐步形成独立的边缘学科，又将被多个相关学科所运用，并推动它们的发展。图 7.25 为与 GIS 相关的科学技术。

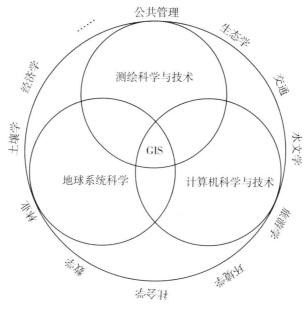

图 7.25　与 GIS 相关的科学技术[35]

地理信息系统是 20 世纪 60 年代开始迅速发展起来的新兴学科，是传统科学与现代技术相结合的产物，它为各门涉及空间数据分析的学科提供了新的技术方法。因此，诸多相关学科和技术方法的发展都不同程度地提供了一些构成地理信息系统的技术与方法。认识和理解地理信息系统与这些相关学科的关系，对全面准确地定义和发展地理信息系统是十分必要和有益的。图 7.26 大体表示出了这种相关关系[37]。

7.1.8　GIS 的应用前景

地理信息系统的应用就是人们应用 GIS 对地球表层人文经济和自然资源及环境等多种信息进行管理和分析，以掌握城乡和区域的自然环境和经济地理要素的空间分布、空间结构、空间联系和空间过程的演变规律，使它成为国家宏观决策和区域多目标开发的依据，从而为区域经济发展服务。GIS 的应用前景包括：(1)测绘与地图制作；(2)资源调查与管理；(3)城乡规划与管理；(4)水利交通及能源等基础设施建设与管理；(5)灾害监测与防治；(6)环境监测与保护；(7)国防与航天事业；(8)宏观决策支持等。

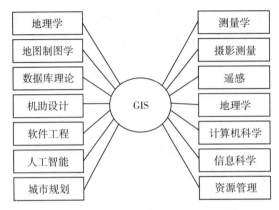

图 7.26 与 GIS 相关的学科和技术[37]

7.1.9 GIS 在水利现代化建设中的应用

GIS 技术是以地理空间为基础,通过分析地理模型得到多种空间和动态的地理信息,目前是地理研究中常见的计算机技术系统。GIS 技术可以将收集到的数据统一处理,整合建立一个地理模型,通过对模型的分析可以更加深入地了解地理信息。该系统具体应用如图 7.27 所示。

水利部门工作人员借助于遥感(RS)和航测等数据,利用 GIS 对洪水灾情、干旱及水土流失、水环境污染等进行监视。制作洪水淹没、干旱演变、水土流失及水环境污染动态变化趋势影像图,通过 AI 的计算和分析,预测未来水利工程运行过程中可能出现的情况,

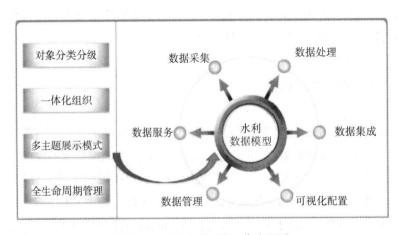

图 7.27 GIS 水利系统工作流程图

帮助管理者制定更有效的决策。例如，各流域机构利用 GIS 系统进行水利普查，做到了数据管理的统一、监控平台的统一、地理环境信息和人文信息的统一以及通过智能处理，帮助管理者制定决策。数据管理的统一方面，GIS 系统通过搭建一体化数据管理平台，广泛收集各类水利工程信息并统一数据格式。统一管理平台与各类水利设备系统和监控系统相连，传感器收集到的数据直接传输到 GIS 系统中；监控平台的统一方面，GIS 系统可以对多个监控设备下达统一的操作命令。这样一来，监控系统就可以实时改变监控重点，为管理者提供更有价值的数据信息；在地理环境信息和人文信息的统一方面，GIS 系统可以将各类需要的信息归纳整合为集成化平台，构建虚拟数字环境，管理者可以通过这个平台进行统一的调度和监管。

7.2　RS

7.2.1　航天遥感发展过程

1972 年美国开始发射陆地卫星 Landsat，该系列共由 7 颗卫星组成，其中 Landsat 6 发射失败，最后一颗 Landsat 7 于 1999 年 4 月 15 日发射，4 月 18 日已传送回第一幅图像，证明发射已经成功。Landsat 1~3 的主要成像仪器为多光谱扫描仪（MSS），为 4 个波段，地面分辨率大约为 70m，Landsat 4，5 的主要成像仪器为专题制图仪（thematic mapper，TM），有 7 个波段，除波段 6 外，地面分辨率为 30m，Landsat 7 除 30m 的多光谱图像外，增加了一个 15m 分辨率的全色波段。Landsat 图像的地面覆盖范围为 $185\times185km^2$，由于光谱波段设计合理，价格合适，得到全球的广泛应用。

1986 年法国开始发射 SPOT 卫星（"SPOT"系法文 systeme probatoire d'observation de la terre 的缩写，意即地球观测系统），现在已发射 7 颗。1986 年以来，SPOT 已经接收、存档超过 700 万幅全球卫星数据，提供了准确、丰富、可靠、动态的地理信息源，满足了制图、农业、林业、土地利用、水利、国防、环保、地质勘探等多个应用领域不断变化的需要。SPOT 卫星比美国"陆地卫星"的优越之处是，SPOT 卫星图像的分辨率可达 10~20m，超过了"陆地卫星"系统，加之 SPOT 卫星可以拍摄立体像对，因而在绘制基本地形图和专题图方面将会有更广泛的应用。为了达到这些要求，SPOT 卫星在轨道设计、飞行平台和传感器等方面都有它自己的独到之处。

SPOT 的成像仪器为高分辨率可见光谱成像仪（high resolution visible spectrum，HRV），HRV 观测方法不是采用扫描镜，而是采用电荷耦合器件（charge coupled device，CCD）电子式扫描。可采用多光谱和全色两种模式，多光谱模式有 3 个波段，地面分辨率为 20m；全色模式的地面分辨率为 10m。SPOT 图像的地面覆盖范围为 60×60km²。试验证明，多光谱图像的 3 个波段，其中波段 1 和波段 2 数据严重相关，对应用具有较大影响。其全色波段，由于分辨率较高，具有广泛的应用价值，但是由于价格较贵，在应用中受到一定限制。SPOT 4 成像仪器性能进一步改进，多光谱改为 4 个波段，并增加了地面扫描宽度为 2200km²、地面分辨率为 1150m 的 SPOT Vegetation，用于植被调查。SPOT 5 多光谱分辨率提高到 10m，全色提高到 5m。

1996 年印度发射了 IRS-1C 卫星，其多光谱地面分辨率有 3 个波段为 23.5m，1 个波段为 70.5m，全色波段为 5.8m。图像地面覆盖范围多光谱为 141×141km²，全色为 70×70km²。IRS-1C 卫星还带有一个广角传感器(wide angle sensor，WAS)，其图像地面覆盖范围为 770×770km²，地面分辨率为 188m，用于植被变化的研究。

雷达卫星也有发射，如欧空局的 ERS1/2 合成孔径雷达(synthetic aperture radar，SAR)，地面分辨率约为 30m，图像地面覆盖宽度为 102.5km²。加拿大的 RadarSat，地面分辨率为 10~100m，图像地面覆盖范围为从 100×100km² 至 500×500km²。日本的 JERS SAR，地面分辨率为 18m，图像地面覆盖范围为 75×75km²。

近 50 年来，航天遥感得到了较大发展，获得了大量卫星影像，并在许多领域已有成功的应用。随着科学技术的发展，航天遥感不仅走向成熟，同时又提出了新的要求，其中有两个特点：其一是地面分辨率越来越高，美国在南斯拉夫所用军事侦察卫星地面分辨率为 0.1m。在卫星发射计划中，许多国家或公司成功发射地面分辨率为 1m 的卫星。美国在"数字地球"计划中，分辨率为 1m×1m 的全球影像是其中重要内容之一，这些高分辨率影像将来主要靠航天遥感来获得。其二是面向全球变化监测，我们赖以生存的地球由于人类活动的影响正在发生不断变化，许多自然现象及变化规律尚不清楚。为了进行研究，必须获得大气圈、水圈和生物圈的各种数据，须对地球表面的陆地、海洋及大气层进行全面监测，为此美国提出了地球观测系统(EOS)计划，卫星上的传感器共有 19 种。这些传感器需要用数颗卫星发射。

下面介绍一些传感器的性能及用途[48-52]：

(1)云及地球辐射能系统(clouds and the earth's radiant energy system，CERES)，通过短波和长波辐射两种方式对地球辐射进行测量。

(2)光亮成像传感器(lightning image sensor，LIS)，搜集地球上光亮的变化与分布信息。此传感器覆盖范围 600×600km²，空间分辨率为 5km。

(3)高级星载热量发射及反射辐射计(advanced spaceborne thermal emission and reflection radiometer，ASTER)，提供高分辨率(15~90m)的地表及云的数据，供气候学、水文学、生态学及地质学进行研究。

(4)多角度成像光谱辐射计(multiangle image spectro radiometer，MISR)，可以获得全

球各种反射光线的方向特性数据以及用于地表的地质特性和雾、云及生态研究的信息。扫描宽度为360km，空间分辨率为275m、550m及1100m。4个波段，9天覆盖全球。

（5）中等分辨率成像光谱辐射计（moderate-resolution image spectroradiometer，MODIS），共36个波段，其中2个为250m，5个为500m，29个为1km。1至2天覆盖全球，能提供多种全球数据产品，包括1km分辨率的地表温度、海洋颜色、植被、地表覆盖等大量信息，可用来进行全球生态及物理变化的测量。

（6）对流层云雾及气体实验室3号（stratospheric aerosol and gas experiment Ⅲ，SAGE Ⅲ），用于对云雾、臭氧、二氧化氮、水蒸气、温度、压力等的研究，空间分辨率为1~2km。

（7）海洋颜色仪（ocean color instrument），用于进行全球碳循环的研究。

（8）海风（sea winds），对全球无冰的海洋上空的风进行连续、全天候测量，扫描幅宽为1800km，空间分辨率为50km。

（9）空洞变化辐射计及辐照率监测器（active cavity radiometer irradiance monitor，ACRIM），用于监测太阳辐射及辐照率的变化。

（10）地球观测扫描极化仪（earth observing scanning polarimeter，EOSP），用于提供全球云及雾图像，包括12个多光谱波段，空间分辨率为10km。

（11）多频成像微波辐射计（multifrequency image microwave radiometer，MIMR），用于获得水循环的重复参数，包括大气中水的含量、雨量、土壤湿度、冰雪覆盖及海面温度等，幅宽为1250km，空间分辨率为5.6km、14km、24km、45km及70km。

（12）大气红外探测器（atmospheric infrared sounder，AIRS）、高级微波探测单元（advanced microwave sounding unit，AMSU）、微波湿度探测器（microwave humidity sounder，MHS），用于测量大气温度，提供大气的水蒸气、云、海、陆地表面温度及大气湿度数据。幅宽1650km，空间分辨率AIRS水平为13.5km，垂直为1km，AMSU为40km，MHS为13.5km。

（13）对流层散射光谱辐射计（tropspheric emission spectrometer，TES），用于对流层质量变化监测，包括对流层的组成、变化及对流层-平流层交换以及对气候和生态的影响。

（14）高分辨率动态探测器（high resolution dynamics limb sounder，HIRDLS），利用红外辐射计对对流层上层、平流层及散逸层进行测量，包括温度、臭氧、水蒸气等的含量。

（15）微波探测器（microwave limb sounder，MLS），测量平流层下层温度及对流层上层的化学成分，研究火山对全球变化的影响。

（16）地球科学激光测高系统（geoscience laser altimeter system，GLAS），用于测量冰山地形的激光测高仪，同时用来测定云及大气的特性。

（17）Landsat 7也并入EOS计划，主要的仪器为增强型专题制图仪（enhanced thematic mapping plus，ETM+）。

雷达卫星也是以后发展的重要方向，信息获取不受气候影响的特点吸引着人们的普遍关注，雷达卫星的独有特性为其应用推广开辟了广阔前景。因此，各航天国家纷纷计划或正在发展自己的雷达卫星。我们完全有理由相信，21 世纪雷达卫星将会迅速发展。

从 20 世纪 70 年代开始，我国先后发射了系列返回式遥感卫星。1970 年 4 月 24 日，我国成功发射了第一颗人造地球卫星"东方红 1 号"。随后，又发射了数十颗不同类型的卫星。其中，太阳同步卫星"风云 1 号"（FY-1A，1B）和地球同步轨道卫星"风云 2 号"（FY-2A，2B）的发射，以及返回式遥感卫星的发射与回收，为我国开展宇宙探测、通信、交通、防灾减灾、科学实验及气象观测等研究领域提供了自主可靠的信息源。

中巴地球资源卫星（China-Brazil Earth Resources Satellite，CBERS）是由中国和巴西两国共同研制的地球资源卫星，是传输型遥感卫星。中巴两国政府于 1988 年 7 月 6 日在北京正式签署议定书，决定联合研制中巴地球资源卫星。1999 年 10 月 14 日，CBERS 01 星成功发射，随后相继发射了 CBERS 02 星、CBERS 02B 星、CBERS 02C 星和 CBERS 04 星，凝聚着中巴两国航天科技人员十几年的心血。它的成功发射与运行开创了中国与巴西两国合作研制遥感卫星、应用资源卫星数据的广阔领域，结束了中巴两国长期单纯依赖国外对地观测卫星数据的历史，被誉为"南南高科技合作的典范"。

自 2006 年，我国开始实施《国家中长期科学与技术发展规划纲要（2006—2020 年）》。高分辨率对地观测系统（简称"高分专项"）是此纲要的 16 个重大专项之一，由天基观测系统、临近空间观测系统、航空观测系统、地面系统等组成，于 2010 年经过国务院批准启动实施。该专项计划统筹建设基于卫星、平流层飞艇和飞机的高分辨率对地观测系统，完善地面观测资源。与其他观测手段相结合，形成全天候、全天时、全球覆盖的对地观测体系。图 7.28 为高分专项建设任务图[53]。

图 7.28　高分专项建设任务[58]

7.2.2 遥感技术基础

1. 遥感图片的科学内涵

遥感以图片反映世界，但它不只是一张张好看的图片，它除了具有普通照片一般的形象特征外，还有许多丰富的科学内涵。

其科学内涵可以通过遥感数据的几个主要技术指标——光谱分辨率、空间分辨率(地面分辨率)和时间分辨率得到体现。

光谱分辨率反映了遥感数据对地物类别的识别能力。在同样的波谱宽度内波段越多，光谱分辨率越高，影像能够识别的地物类别越多。

空间分辨率(地面分辨率)是指遥感数据对地物大小的识别能力。空间分辨率越高，影像能够识别的地物越小，反映的地物越多。

时间分辨率反映了遥感数据在同一区域重复获取的时间间隔，可用重访周期表示。时间分辨率越高，重访周期越短，速度越快。

不同空间分辨率、光谱分辨率、时间分辨率的遥感数据可以满足高度综合性的水利工作对于工作区域气象、地质、土地、植被、水域等基本情况全面掌握的要求，且根据不同工作的要求，在平面精度、地物(类别、性质等)判译精度、地形高程精度等方面具有灵活的选择空间。可以同工程水利、管理水利、资源水利、可持续发展水利等水利事业的各个层次结合起来，从微观到宏观，从科研、工程规划、建设到管理，从狭义的水利到广义的水利，为全面改造传统水利服务。图 7.29 为三维场景下的遥感图像融合(农业和林业应用)的要求[54]。

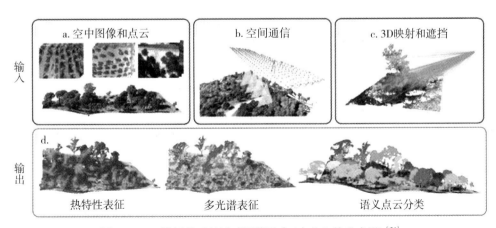

图 7.29　三维场景下的遥感图像融合(农业和林业应用)[54]

2. 遥感的基本原理

遥感的基本原理是根据一切物体，由于其种类及环境条件不同，具有反射和辐射不同波长电磁波的特性，通过遥感传感器探测地表物体对电磁波的吸收、反射和其发射的电磁波，从而提取这些物体的信息，完成远距离识别物体。图 7.30 为电磁波谱分类图。

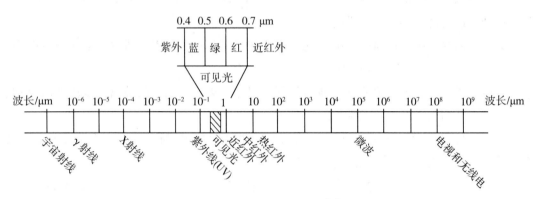

图 7.30　电磁波谱分类图[55]

概括地说，遥感是一门新兴的科学技术。泛指各种非接触的、远距离的探测技术，主要指从远距离、高空以至外层空间的平台上，利用可见光、红外、微波等探测仪器，通过摄影或扫描、信息感应、传输和处理，从而识别地面物体的性质和运动状态的现代科学技术系统。

(1)遥感按平台的高度分类大体上可分为航天遥感、航空遥感和地面遥感三类；

(2)按所利用的电磁波的光谱段可分为可见光/反射红外遥感、热红外遥感、微波遥感三种类型；

(3)按研究对象分类可分为资源遥感与环境遥感两大类；

(4)按应用空间尺度分类可分为全球遥感、区域遥感和城市遥感三类；

(5)按遥感探测目标的能源作用可分为：主动式遥感技术和被动式遥感技术两类；

(6)按记录信息的表现形式可分为：图像方式和非图像方式两类。

只有电磁波遥感技术可以将地面目标信息转换成图像，所以现代遥感技术主要指电磁波遥感，遥感技术所使用的电磁波主要为紫外、可见光、红外和微波等谱段。①

---

① 胡滨. 中国科学技术馆[4B 太空探索展厅展项]遥感地形沙盘(来源：中国数字科技馆，2016-10-29).

7.2.3 遥感技术应用

遥感大多以数字化的图片反映世界，具有鲜明的数字化、可视化特征。由于遥感图像的数字化特性，遥感图像习惯上也称为遥感数据、遥感信息、遥感数字图像。

遥感图像既是遥感技术探测物体的结果，又是遥感技术应用研究的主要对象。

1. 应用基础

遥感技术系统包括：空间信息采集系统(包括遥感平台和传感器)，地面接收和预处理系统(包括辐射校正和几何校正)，地面实况调查系统(如收集环境和气象数据)，信息分析应用系统。

信息分析应用系统主要包括：图像处理技术、影像目视解译和模式分析、遥感专题分析方法、遥感信息系统建设方法。这里重点介绍目视解译和常用的遥感分析模型。

有了遥感影像，我们既可以在形象中对客观世界有一个直观的认识，又可以通过一些模型或模式来更深入地了解事物的性质、状态。前者为目视解译，后者为模式(或模型)分析。

遥感影像具有色调、色斑、纹理、阴影、层次、形态、大小等基本特征，这些特征成为我们直观判断地物的依据。

就最常用的 TM 遥感影像而言，它具有一定的立体特征，可以判断山脉、山峰、山脊、山涧沟壑、丘陵、平原等地势地貌因素，甚至一些地貌要素如阶地、坡地、台地等；它具有明显的水陆特征，可以目视区分水体与陆地。水体又可以根据水色判断冰的分布、泥沙分布、污染分布等，陆地上可以通过色彩判断积雪分布、土地覆盖的类别等；它具有植被特征，可以判断植被的覆盖情况；它具有丰富的人类活动特征，可以根据遥感的色斑、纹理特征，区分道路、桥梁、堤坝、机场、港口、城市、居民点、开发区等。

根据这些特征得到影像分析成果，广泛地应用于洪涝灾害监测、土壤侵蚀和水土流失监测、水资源水环境监测、水库河道河口水沙监测、冰情雪情和融雪融冰监测、灌区调查、库区调查等，逐步形成了遥感水利应用的完整体系。

2. 常用遥感模型

1)植被指数模型

植被指数模型是一个被广泛运用的模型。它简洁明了，广泛应用于植被覆盖度分级分类、植被结构分类、作物长势分析、土地覆盖和土地利用分类等。借鉴这一方法，可以进行作物需水量、生态需水量分析、土壤侵蚀分级分类评估等。

植被指数有多种模型，如供水植被指数、距平植被指数、归一化植被指数等。这里介绍一种已经成为遥感影像处理系统一个模块的归一化植被指数（NDVI）模型：

$$NDVI = (NIR-Red)/(NIR+Red) \tag{7.1}$$

式中：NIR 为近红外波段光谱值；Red 为红色波段的光谱值。常用的 NOAA/AVHRR、SPOT/HRV、LANDSAT/TM 遥感影像资料等均具有这两个波段，如 TM_4、TM_3 分别为 TM 近红外波段和红色波段，因此 $NDVI/TM = (TM_4-TM_3)/(TM_4+TM_3)$。

2）悬浮泥沙模型

悬浮泥沙模型很多，常用且比较简单的主要有回归分析模型（线性回归、对数回归、指数回归、幂函数关系式及主成分分析等）。根据不同的水域特性选用效果较好的悬浮泥沙反演模型。

指数模型主要建立悬移质泥沙含量与敏感波段反射率之比之间指数回归公式，即水体中任何悬浮物质含量与两个敏感波段波长反射率之比的关系（指数形式）：

$$S = A(R_1/R_2)^B \tag{7.2}$$

式中：S 为悬移质泥沙含量；R_1 和 R_2 分别为悬浮泥沙敏感波段反射率；A、B 为统计回归系数。

在实际运用中，往往要根据研究水体所在区域的光谱特性确定悬浮泥沙的敏感波段反射率 R_1、R_2，根据实测悬浮泥沙含量率定 A、B 之值。

有时采用对数模型，它来源于 Gordon 的研究成果。经过多年的 TM 数据运用实践，对于有些水域，通常取：

$$R_1/R_2 = TM_i/TM_j \tag{7.3}$$

并以：$logS = alog(TM_i/TM_j) + b$ 形式按线性拟合确定 a、b 经验值。

式中：TM_i 和 TM_j 分别为 TM 遥感图像第 i 和第 j 波段反射率，i，$j = 1$，2，3，4。其余符号同上。

3）水深模型

遥感水深测量是水利界十分关心的一项应用技术，国内外遥感界对此做过许多探索。张鹰、张东、王文等在国家自然科学基金项目（59579011）支持下，对以往的遥感水深研究进行了总结，并开展了长江口水深遥感定量模型研究，取得了一定的成果。

其模型如下：

$$Z = aX + b + f_1(X) + f_2(X) \tag{7.4}$$

式中：Z 为水深；X 为遥感影像某两个波段的光谱亮度比值；a，b 分别为研究区域代表性实测水深与光谱值线性回归拟合系数；$f_1(X)$，$f_2(X)$ 为幂函数形式的非线性修正项。

经该小组对 TM 数据的研究，对于长江口研究区域而言，$X = \mathrm{TM}_4/\mathrm{TM}_2$ 与实测水深具有较好的相关性，且有：

$$Z = 0.67X - 54.98 - (X - 65.05)^3/300 + (X - 65.05)^4/10500 \qquad (7.5)$$

其相对误差为 17%。这些模型乃经验公式，运用到其他地方时需要参照其方法选择比值波段，重新进行回归系数拟合运算和确定修正项。

4) 立体像对高程分析模型

立体像对高程分析模型是一个有较长传统的分析模型，以此为核心模型的摄影测量技术已经系统化、商业化，并得到广泛应用。

两幅同一区域不同角度获得的遥感平面影像，其地物重叠部分超过 60% 时，形成立体像对，人们就能通过专门的分析软件获得该地区的三维地形高程数据。

利用单幅影像不可能确定像点所对应地面点(物点)的空间坐标，因为在摄影方向上可以有无限多个空间位置的平面产生同样效果的成像。事实上，对每个像点坐标(X, Y)，在共线方程中只有两个方程而有三个未知数(X', Y', Z')，因此不可能解出确定的地面点空间坐标(X', Y', Z')。如果能够增加同一区域的另一幅与第一幅影像摄影方向不同的影像，即同一地面点在两幅不同影像上有对应的一对点，从而可以构造 4 个共线方程，这样就可以解出确定的地面点空间坐标(X', Y', Z')。上述来自同一区域不同摄影方向的两幅不同影像称为立体像对，同一地面点在立体像对上的一对对应点称为同名像点，如图 7.31 所示。

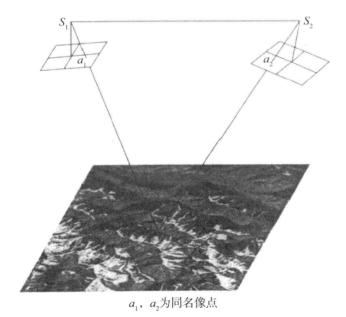

a_1，a_2为同名像点

图 7.31　空间前方交会示意图[56]

5) 水质遥感模型

目前，水质遥感模型有很多类型，如基于高光谱卫星遥感影像的内陆水域叶绿素 a 浓度反演①，基于无人机多光谱影像的水体浊度、悬浮物浓度、化学需氧量、总磷、总氮、氨氮浓度多元回归模型②，以及基于辐射传输过程的悬浮泥沙含量的水质遥感模型等③。随着卫星遥感技术、无人机多光谱影像技术以及高光谱遥感技术的逐渐成熟，实用化的水质遥感分析模型已成为水利遥感应用的重要方面。

3. 遥感信息系统建设与数字水利

遥感信息系统是数据库、网络、GIS 技术等众多信息技术的综合应用，在水文遥感测量、水环境遥感监测、洪涝及干旱演变过程分析、数字高程模型应用、防洪预警预报及灾害评估业务运行系统等方面得到广泛应用。④

而遥感信息系统的建设在水利信息化中具有举足轻重的地位：如防汛指挥系统、水资源管理决策支持系统、水土保持监测与管理信息系统、水利工程管理信息系统、河口综合治理信息系统、水利信息公众服务系统、水利数字化图书馆等都离不开遥感信息系统的贡献。也正是因此，遥感成为数字水利的关键技术之一。

尽管遥感技术曾经为水利工程规划、建设、管理作出了贡献，但要适应新的形势，真正发挥遥感在水利信息化中的关键作用，还需要加大遥感实用信息系统建设的步伐和力度。

7.3 GPS

7.3.1 GPS 的定义

全球定位系统(GPS)是一种以人造地球卫星为基础的高精度无线电导航的定位系统，它在全球任何地方以及近地空间都能够提供准确的地理位置、移动速度及准确的时间

---

① 张鹏，郭正鑫，刘振，等. 高光谱卫星影像水质遥感反演[J]. 测绘通报，2022(52).

② 赵松，侯毅凯，张安岳，等. 基于无人机多光谱影像的滏阳河水质遥感反演[J]. 测绘与空间地理信息，2022(3).

③ 刘冉，徐鹏，刘心怡，等. 基于辐射传输过程的水质遥感模型及其在珠江口的应用[J]. 绿色科技，2020，9(18).

④ 刘智勇，林凯荣，董春雨. 水利类专业遥感与地理信息系统[J]. 高教学刊，2023(24).

信息。

7.3.2 GPS 的组成

GPS 主要包括三大组成部分，即空间星座部分、地面监控部分和用户设备部分，如图7.32 所示。三者有各自独立的功能和作用，但又是有机地配合而缺一不可的整体系统[57]。

1. 地面控制部分

地面控制部分：主控站、监控站和注入站。

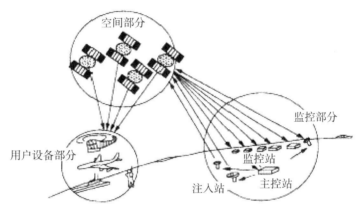

图 7.32　GPS 系统组成[63]

（1）主控站（1 个）：位于美国科罗拉多（Colorado）的法尔孔（Falcon）空军基地。

根据各监控站对 GPS 的观测数据，计算出卫星的星历和卫星时钟的改正参数等，并将这些数据通过注入站注入卫星中去。

对卫星进行控制，向卫星发布指令；当工作卫星出现故障时，调度备用卫星，替代失效的工作卫星工作。

主控站是 5 个监控站之一，具有监控站的功能。

（2）监控站（5 个）：位于本土的主控站法尔孔（Falcon）、夏威夷（Hawaii）、大西洋的阿松森群岛（Ascencion）、印度洋的迭哥伽西亚（Diego Garcia）和太平洋的卡瓦加兰（Kwajalein），用于接收卫星信号，监测卫星的工作状态。

（3）注入站（3 个）：阿松森群岛、迭哥伽西亚和卡瓦加兰。其作用和功能是：将主控站计算的卫星星历和卫星时钟的改正参数等注入卫星中去。

2. 空间部分

（1）卫星分布组成：由 21 颗工作卫星和 3 颗在轨备用卫星组成 GPS 卫星星座。

（2）卫星分布情况：24 颗卫星均匀分布在 6 个轨道平面内，轨道倾角为 55°。各个轨道平面之间夹角为 60°，即轨道的升交点赤经各相差 60°。每个轨道平面内各颗卫星之间的升交角相差 90°。每颗卫星的正常运行周期为 11h58min，若考虑地球自转等因素，将提前 4min 进入下一周期。GPS 空间部分卫星分布情况如图 7.33 所示。

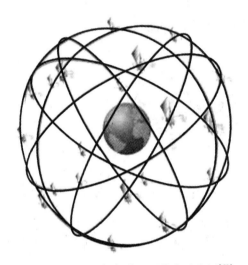

图 7.33 GPS 空间部分卫星分布示意图[58]

（3）GPS 卫星信号：①载波：L 波段双频 L1 1575.42MHz，L2 1227.60MHz；②卫星识别：码分多址（CDMA）；③测距码：C/A 码（民用），P 码（美国军方及特殊授户）；④导航数据：卫星轨道坐标、卫星钟差方程式参数、电离层延迟修正。

3. 用户部分

（1）组成：GPS 接收机、气象仪器、计算机、钢尺等仪器组成。

（2）GPS 接收机：天线单元，信号处理部分，记录装置和电源。①天线单元：由天线和前置放大器组成，灵敏度高，抗干扰性强。GPS 天线分为单极天线、微带天线、锥形天线等。②信号处理部分：是 GPS 接收机的核心部分，进行滤波和信号处理，由跟踪环路重建载波，解码得到导航电文，获得伪距定位结果。③记录装置：主要有接收机的内存硬盘或记录卡（CF 卡）。④电源：分为外接和内接电池（12V），机内还有一个锂电池。

（3）GPS 接收机的基本类型：大地型、导航型和授时型三种。大地型接收机按接收载波信号的差异分为单频（L1）型和双频（L1，L2）型。

7.3.3 GPS 的特点

1. 定位精度高

GPS 相对定位精度在 50km 以内可达 10^{-6}，$100\sim500$km 可达 10^{-7}，1000km 可达 10^{-9}。在 $300\sim1500$m 工程精密定位时，观测 1h 以上定位精度可达 1mm 以内。

2. 观测时间短

20km 以内快速静态相对定位，仅需 $15\sim20$min；RTK 测量时，当每个流动站与参考站相距在 15km 以内时，流动站观测时间只需 $1\sim2$min。

3. 测站间无须通视

由于无须点间通视，可节省大量的造标费用，点位位置根据需要，可稀可密，使选点工作甚为灵活，也可省去经典大地网中的传算点、过渡点的测量工作。

4. 可提供三维坐标

GPS 可同时精确测定测站点的三维坐标(平面+大地高)。通过局部大地水准面精化，GPS 水准可满足四等水准测量的精度。

5. 操作简便

GPS 操作程序简单，便于使用。

6. 全天候作业

GPS 观测可在一天 24h 内的任何时间进行。

7. 功能多、应用广

可用于测量、导航，水利和交通等各种土建工程的变形监测，还可用于测速、测时。

7.3.4 GPS 的应用

1. GPS 应用于导航

主要是为船舶、汽车、飞机等运动物体进行定位导航。包括：（1）船舶远洋导航和进港引水；（2）机航路引导和进场降落；（3）汽车自主导航；（4）地面车辆跟踪和城市智能交通管理；（5）紧急救生；个人旅游及野外探险；（6）个人通信终端（将手机、掌上电脑、电子地图等集于一体）。

2. GPS 应用于授时校频

GPS 全部卫星与地面测控站构成一个闭环的自动修正系统。采用协调世界时（universal time coordinated，UTC）为参考基准。

3. GPS 应用于高精度测量

GPS 应用于高精度测量，主要包括：（1）各种等级的大地测量，控制测量；（2）道路和各种线路放样；（3）水下地形测量；（4）地壳变形测量，大坝和大型建筑物变形监测；（5）GIS 数据动态更新；（6）工程机械（轮胎吊、推土机等）控制；（7）精细农业。

7.3.5 GPS 基本定位原理

有源无线电定位技术：利用距离交会的原理确定接收机的三维位置及钟差。图 7.34 为 GPS 基本定位原理图。

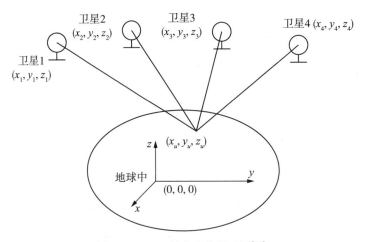

图 7.34 GPS 基本定位原理图[59]

定位是指测定点的空间位置。GPS 定位是将 GPS 卫星作为动态已知点。根据 GPS 卫星星历求得 GPS 卫星的已知坐标，由接收机测得卫星发射的无线电信号到达接收机的传播时间 Δt，即

$$\Delta t = t_2 - t_1 \tag{7.6}$$

式中：t_1 为卫星发射定位信号时刻；t_2 为接收机接收到卫星定位信号的时刻。

卫星到接收机的观测距离为：

$$\rho = c \cdot \Delta t \tag{7.7}$$

式中：c 为电磁波传播速度。

如用 X、Y、Z 表示卫星坐标，用 x、y、z 表示接收机坐标，则星站间真实距离为：

$$\rho' = \sqrt{(X-x)^2 + (Y-y)^2 + (Z-z)^2} \tag{7.8}$$

并考虑到接收机钟的误差 δt，则可得如下观测值方程：

$$\rho = \sqrt{(X-x)^2 + (Y-y)^2 + (Z-z)^2} + c \cdot \delta t \tag{7.9}$$

上两式中：ρ' 为测量值；X、Y、Z 为已知量；x、y、z、δt 为未知数。可见，只要观测 4 颗以上卫星，即可列出 4 个以上像式（7.9）这样的方程式，便能解出 4 个未知数 x、y、z、δt，从而确定接收机坐标 x、y、z。这就是 GPS 定位的基本原理。

设在时刻 t，在测站点 P 用 GPS 接收机同时测得 P 点至 4 颗 GPS 卫星 S_1、S_2、S_3、S_4 的距离 ρ_1、ρ_2、ρ_3、ρ_4，通过 GPS 电文解译出 4 颗 GPS 卫星的三维坐标 (X_j, Y_j, Z_j)，$j=$ 1，2，3，4。用距离交会的方法求解 P 点的三维坐标 (x, y, z) 的观测方程为：

$$\left.\begin{aligned}
\rho_1 &= \sqrt{(x-X^1)^2 + (y-Y^1)^2 + (z-Z^1)^2} + c \cdot \delta t \\
\rho_2 &= \sqrt{(x-X^2)^2 + (y-Y^2)^2 + (z-Z^2)^2} + c \cdot \delta t \\
\rho_3 &= \sqrt{(x-X^3)^2 + (y-Y^3)^2 + (z-Z^3)^2} + c \cdot \delta t \\
\rho_4 &= \sqrt{(x-X^4)^2 + (y-Y^4)^2 + (z-Z^4)^2} + c \cdot \delta t
\end{aligned}\right\} \tag{7.10}$$

式中：c 为光速；δt 为接收机钟差。

7.3.6 GPS 在水利现代化中的应用

1. GPS 在水利工程测量中的应用

1）外业测量

外业工作是测量的重要基础，这一环节往往最容易受到周围环境的干扰而影响精度。测量点位时，找到一处比较平坦的工作环境，为选择导航基站做好准备。站点的选择从无线电安装和开机观察开始。其中，进行无线电的安装，应先建立一个正常点，固定天线，并保持无线基座上的圆形水泡居中。如果受到恶劣天气的影响，可以用铁架或石头加强底座的固定，避免淋水，以防被雨水浸蚀。

2）平面控制网布设

平面控制网的有效布设可以达到全天候、无盲点的测量效果。根据工程当前情况，运用加密的控制网、插网、线性网或插点等方式进行现场处理。如果测量点选择错误，可能会影响接收卫星信号，从而产生误差。

3）动态基站建设

动态测量可以在动态测量基站的帮助下完成。基站中接收台、流动信号分析站和信号解译设备等设施的高度交互性，保证了基站工作的可靠性和准确性。基站设备与 RTK 工作链相连，形成信号接收、传输、解译和保存为一体的完整通信系统。该系统通过显示不同数据组之间的差异和趋势，测量控制点位的水位变化。

4）高程测量

在水利工程测量中，测量精确的高程数据非常重要。传统的测量方式，受技术和设备等条件限制，很容易出现误差。特别是在地形不规则的偏僻环境中，测量误差会更大。为确保测量精度，将 GPS 技术与水准仪观测结合加以运用。通过 GPS 技术、大地高程差等构建大地水准面数学模型，对计算点的高程异常或异常差进行内差，进而获得测量点高程数据及其变化情况。

5）数据处理

测量数据必须使用正版授权的 GPS 数据软件进行处理，从而降低误差，并保障计算结果为双差固定解。检验结果时，需要删除精度较差的数据，再使用 CosaGPS V6.0 软件进行检验和平差处理，保证结果的精度及可靠性。

2. GPS 在河道测量中的应用

1）河道岸上测量

河道岸上测量的工作主要是河道岸上断面桩的测量。断面桩的测量通常一人便可完成，将控制手部固定在移动基站上，在移动过程中保证测杆对中且测杆上的水平气泡居中，对中几秒后便可完成测量，获取点位的坐标，自动保存在手部中已经新建的项目内。持续重复以上操作，便可获取河道岸上断面桩的坐标数据。

2）河道水下地形测量

与河道岸上断面测量不同，水下地形测量除了设置基站和移动基站外，还需使用测深仪。将测深仪和移动基站的 GPS 连接，在测量过程中可以同时获取点位的坐标和水深数据，再通过软件可以同时记录下点位的坐标数据和水深数据。

测深仪和移动基站的 GPS 天线连接后，需要对测深仪器进行相应的参数设置，其中必须设置的参数包括测量参数、天线高度、校正参数以及断面线路导入参数等。测深仪设置完毕后，先随机选取几个点位进行测量，保存数据；再采用传统的测量方法即测杆测量，并记录数据。将两者的测量数据进行比对，如果测量数据差距较小，说明之前的参数设置符合要求，可以继续进行后续的测量作业。如果二者数据差距较大，需要对测深仪参数进行重新校订，直至二者测量数据偏差较小为止。正式测量时，测量路线沿着 GPS 指导的断面线进行测量，高程点采样按照 1m 间隔进行采样。在实际测量中，测深仪通常固定在测量船上。由于河道水流速度以及测量环境风速等因素的影响，测量船不一定会按照预定断面线航行。而在大多数情况下，测量船航迹分布在断面的两侧。当测量船实际航行路线与断面线的偏差不大时，则实际测量点可以作为合格的测量数据使用；如果测量船行业轨迹与断面线的偏差较大时，应重新测量获取准确数据。以上所叙述的测深仪是应用在水面较宽、水深较大的河道测量中。如果河道水深较浅或者在离河岸较近的测量区域内，可以采用测杆来代替测深仪，可以较为便捷且准确地获取水深测量数据，再通过 GPS 测量技术便可获取测量点的坐标数据和测量点的水底高程。

3. GPS 技术在水库大坝变形监测中的应用

大坝位移观测使用 GPS 静态相对定位方法观测。位移观测将所有的工作基点和监测点一起组网观测，边连式观测，观测等级三等。GPS 变形监测网一般没有图形的限制，长短边可以相差很大，点的布设主要是考虑工程需要、易于保存、便于到达、顶空条件好、电磁干扰小及多路径影响小等。GPS 网的施测应根据有关规范，对于特高精度变形监测 GPS 网，可在规范的基础上再提高一些，如可以增加时段长和时段数；也可以对某些边作长时段的精密测量；还可以用很多台接收机同时观测，并采用有足够多余观测的边连式布网，这样可以提高 GPS 网的精度。

第8章 北斗卫星导航系统

8.1 北斗卫星导航系统简介

8.1.1 北斗卫星导航系统建设目标

中国北斗卫星导航系统作为中国独立发展、自主运行的全球卫星导航系统，是国家正在建设的重要空间信息基础设施，可广泛应用于经济社会的各个领域。

北斗卫星导航系统能够提供高精度、高可靠度的定位、导航和授时服务，具有导航和通信相结合的服务特色。通过近 20 年的研发，这一系统在测绘、渔业、交通运输、电信、水利、森林防火、减灾救灾和国家安全等诸多领域得到广泛应用，产生了显著的经济效益和社会效益，特别是在四川汶川、青海玉树抗震救灾中发挥了非常重要的作用。

中国北斗卫星导航系统是继美国 GPS、俄罗斯格洛纳斯、欧洲伽利略之后，全球第四大卫星导航系统。北斗卫星导航系统 2012 年覆盖亚太区域，2020 年形成由 30 多颗卫星组网，具有覆盖全球的能力。高精度的北斗卫星导航系统实现自主创新，既具备 GPS 和伽利略系统的功能，又具备短报文通信能力。

北斗卫星导航系统的建设目标是：建成独立自主、开放兼容、技术先进、稳定可靠的覆盖全球的北斗卫星导航系统，促进卫星导航产业链形成。形成完备的国家卫星导航应用产业支撑、推广和保障体系，推动卫星导航在国民经济社会各行业的广泛应用。北斗卫星导航系统由空间段、地面段和用户端三部分组成。空间段由若干地球静止轨道卫星、倾斜地球同步轨道卫星和中圆地球轨道卫星组成；地面段包括主控站、注入站和监测站等若干个地面站；用户端包括北斗用户终端以及与其他卫星导航系统兼容的终端。

1994 年，我国正式开始北斗卫星导航试验系统（北斗一号）的研制，并在 2000 年发射了两颗静止轨道卫星，区域性的导航功能得以实现。2000 年底建成北斗一号，主要为我国提供服务。2003 年又发射了一颗备用卫星，完成了北斗卫星导航试验系统的组建。2004
年，我国启动了具有全球导航能力的北斗卫星导航系统的建设(北斗二号)，并在 2007 年
发射一颗中地球轨道卫星，进行了大量试验。2009 年起，开始启动建设北斗三号。后续卫
星持续发射，并在 2011 年开始对中国和周边地区提供测试服务，2012 年完成了对亚太大
部分地区的覆盖并正式向亚太地区提供卫星导航服务，2000 年年底建成北斗一号系统。

　　2018 年底，建成北斗三号基本系统，为"一带一路"共建国家提供服务；2020 年，建
成世界一流的北斗三号系统，可在全球范围内全天候、全天时为各类用户提供服务；2035
年，将建成以北斗为核心的更加泛在、更加融合、更加智能的综合定位导航授时体系，进
一步提升时空信息服务能力，为人类走得更深更远作出中国贡献。截至 2023 年 7 月，北
斗系统已服务全球 200 多个国家和地区用户。

　　北斗一号、北斗二号及北斗三号组网卫星的发射情况详见表 8.1。

表 8.1　　　　　　　　　　　　　　北斗卫星发射情况表[*]

日期	卫星	运载火箭类型	轨道类型
2000-10-31	第 1 颗北斗导航试验卫星	CZ-3A	GEO
2000-12-21	第 2 颗北斗导航试验卫星	CZ-3A	GEO
2003-5-25	第 3 颗北斗导航试验卫星	CZ-3A	GEO
2007-2-3	第 4 颗北斗导航试验卫星	CZ-3A	GEO
2007-4-14	第 1 颗北斗导航卫星	CZ-3A	MEO
2009-4-15	第 2 颗北斗导航卫星	CZ-3C	GEO
2010-1-17	第 3 颗北斗导航卫星	CZ-3C	GEO
2010-6-2	第 4 颗北斗导航卫星	CZ-3C	GEO
2010-8-1	第 5 颗北斗导航卫星	CZ-3A	IGSO
2010-11-1	第 6 颗北斗导航卫星	CZ-3C	GEO
2010-12-18	第 7 颗北斗导航卫星	CZ-3A	IGSO
2011-4-10	第 8 颗北斗导航卫星	CZ-3A	IGSO
2011-7-27	第 9 颗北斗导航卫星	CZ-3A	IGSO
2011-12-2	第 10 颗北斗导航卫星	CZ-3A	IGSO
2012-2-25	第 11 颗北斗导航卫星	CZ-3C	GEO

续表

日期	卫星	运载火箭类型	轨道类型
2012-4-30	第 12、13 颗北斗导航卫星	CZ-3B	MEO
2012-9-19	第 14、15 颗北斗导航卫星	CZ-3B	MEO
2012-10-25	第 16 颗北斗导航卫星	CZ-3C	GEO
2015-3-30	第 17 颗北斗导航卫星	CZ-3C	IGSO
2015-7-25	第 18、19 颗北斗导航卫星	CZ-3B	MEO
2015-9-30	第 20 颗北斗导航卫星	CZ-3B	IGSO
2016-2-1	第 21 颗北斗导航卫星	CZ-3C	MEO
2016-3-30	第 22 颗北斗导航卫星	CZ-3A	IGSO
2016-6-12	第 23 颗北斗导航卫星	CZ-3C	GEO
2017-11-5	第 24、25 颗北斗导航卫星	CZ-3B	MEO
2018-1-12	第 26、27 颗北斗导航卫星	CZ-3B	MEO
2018-2-12	第 28、29 颗北斗导航卫星	CZ-3B	MEO
2018-3-30	第 30、31 颗北斗导航卫星	CZ-3B	MEO
2018-7-10	第 32 颗北斗导航卫星	CZ-3A	IGSO
2018-7-29	第 33、34 颗北斗导航卫星	CZ-3B	MEO
2018-8-25	第 35、36 颗北斗导航卫星	CZ-3B	MEO
2018-9-19	第 37、38 颗北斗导航卫星	CZ-3B	MEO
2018-10-18	第 39、40 颗北斗导航卫星	CZ-3B	MEO
2018-11-1	第 41 颗北斗导航卫星	CZ-3B	GEO
2018-11-19	第 42、43 颗北斗导航卫星	CZ-3B	MEO
2019-4-20	第 44 颗北斗导航卫星	CZ-3B	IGSO
2019-5-17	第 45 颗北斗导航卫星	CZ-3C	GEO
2019-6-25	第 46 颗北斗导航卫星	CZ-3B	IGSO
2019-9-23	第 47、48 颗北斗导航卫星	CZ-3B	MEO
2019-11-5	第 49 颗北斗导航卫星	CZ-3B	IGSO

续表

日期	卫星	运载火箭类型	轨道类型
2019-11-23	第 50、51 颗北斗导航卫星	CZ-3B	MEO
2019-12-16	第 52、53 颗北斗导航卫星	CZ-3B	MEO
2020-3-9	第 54 颗北斗导航卫星	CZ-3B	GEO
2020-6-23	第 55 颗北斗导航卫星	CZ-3B	GEO

* 注：转自北斗卫星导航系统网站(中国卫星导航系统管理办公室主办)，网址：http://www.beidou. gov. cn/xt/fsgl/。

北斗三号卫星导航系统由 24 颗中圆地球轨道、3 颗地球静止轨道和 3 颗倾斜地球同步轨道，共 30 颗卫星组成。提供两种服务方式，即开放服务和授权服务。开放服务是在服务范围内免费提供定位、测速和授时服务，定位精度为 10m，授时精度为 50ns，测速精度 0.2m/s。授权服务是向授权用户提供更安全的定位、测速、授时和通信服务以及系统完好性信息。

2018 年 11 月 19 日 2 时 7 分，中国在西昌卫星发射中心用长征三号乙运载火箭，以"一箭双星"方式成功发射第四十二、四十三颗北斗导航卫星。2018 年 12 月 27 日，北斗三号基本系统已完成建设，开始提供全球服务。2019 年 12 月 16 日，北斗三号面向全球导航服务的最后一组 MEO 卫星——第 52、53 颗北斗导航卫星终于落子于北斗"大棋盘"的中圆地球轨道。2020 年 6 月 16 日，发射北斗三号最后一颗全球组网卫星的长征三号乙运载火箭在临射前的测试过程中，发现产品技术问题，发射任务推迟，重新发射的窗口确定为 2020 年 6 月 23 日 9 时 43 分。

2020 年 6 月 23 日 9 时 43 分，北斗三号最后一颗全球组网卫星发射成功。2020 年 6 月 30 日，北斗"收官之星"成功定点，所有 30 颗北斗三号卫星也已全部转入长期管理模式，标志着我国北斗卫星导航系统向全球组网完成又迈出重要一步。

8.1.2 北斗卫星导航系统"三步走"计划

第一步，建设北斗一号卫星导航系统。这是中国自主研发，利用地球同步卫星为用户提供全天候、覆盖中国和周边地区的卫星定位系统。中国先后在 2000 年 10 月 31 日、2000 年 12 月 21 日和 2003 年 5 月 25 日发射了 3 颗北斗静止轨道试验导航卫星，组成了北斗区域卫星导航系统。北斗一号卫星在汶川地震发生后的灾区搜救及灾后重建工作中，曾经发挥了重要作用。

第二步，2012 年年底，建成北斗二号导航系统。即在"十二五"前期完成发射 12 颗到 14 颗卫星的任务，组成区域性、可以自主导航的定位系统。北斗二号可为中国及周边地区的军民用户提供陆、海、空导航定位服务，促进卫星定位、导航、授时服务功能的应用，为航天用户提供定位和轨道测定手段，满足导航定位信息交换的需要等。

第三步，2020 年，建成北斗三号导航系统，向全球提供服务。

8.2　北斗卫星导航系统建设动态

8.2.1　建设历程

1. 北斗一号

2000 年 10 月 31 日—2007 年 2 月 3 日，成功发射了北斗 1A、北斗 1B、北斗 1C 和北斗 1D 四颗卫星。

2. 北斗二号

2007 年 4 月 14 日—2009 年 4 月 15 日，成功发射了北斗 2A、北斗 2B 两颗卫星。

3. 北斗三号

北斗三号在北斗二号性能的基础上，进一步提升 1 至 2 倍的定位精度，达到 2.5~5m 的水平，在保留北斗二号短报文功能的前提下，提升相关性能。

据介绍，2009 年北斗三号工程正式启动建设。在各大系统和众多参研参试单位的共同努力下，我国全面突破系统核心关键技术，完成地面验证，卫星状态基本固化。特别是 2015 年至 2016 年成功发射 5 颗新一代导航卫星，完成了在轨验证。

从此次任务起，我国迎来新一轮北斗组网卫星高密度发射。2018 年前后发射 18 颗北斗三号组网卫星，覆盖"一带一路"共建国家；2020 年完成 30 多颗组网卫星发射，实现全球服务能力。

8.2.2　北斗卫星导航检测认证体系建设

北斗卫星导航系统是我国自行研制的全球卫星定位与通信系统。随着北斗卫星导航系统建设的加快推进，为了促进北斗卫星导航产品质量整体水平提升，确保北斗卫星导航系统的运行安全，国家认监委和原总参谋部测绘导航局决定共同推动北斗卫星导航检测认证体系建设。

根据协议安排，双方制定相关规章制度，支持技术标准制定，探索建立授权监测制度，规划相关产品的国家质检中心，推动重点领域、重点行业、重要平台的北斗导航产品检测认证建设和检测认证结果的采信。

8.3 北斗卫星导航系统基本功能

8.3.1 快速定位功能

设备能够通过北斗定位申请指令，实时提供其所在位置的经度、纬度与高程，定位精度小于 20m，并以标准形式显示(经度，度分秒)、(纬度，度分秒)、(高程，米)、(时间，年月日时分秒)。采用北京 54 坐标系(BJZ54)。

设备收到北斗定位信息时，根据设定给出声、光或符号提示，并可方便转化到其他界面。

设备可以设定北斗自动定位频度，定位频度受终端的用户等级限制，设备在自动定位时仍可以正常进行通信。

终端接到授权用户(指挥机)发出的北斗激发定位指令后，自动发出定位请求。

8.3.2 短报文通信功能

用户每次最多可以传送 120 个汉字的信息，特快通信一次最多只能发送 13 个汉字。

终端设备本身具有电文键入、编辑、发送、接收和显示功能。

信息发射后具有要求系统回执功能，该功能可人工设置。

接收到通信信息时，根据设定给出声、光或符号提示，实时显示通信时间、发信地址和通信电文。

通信电文中的数字、字符采用 ASCII 码编码，汉字采用 GB 2312 编码；对外设传入的数据不改变编码，透明传输。基本汉字字库要求为 GB 2312 一级字库。

按先进先出的原则动态存储接收的通信信息，通信信息含通信时间、发信地址和通信电文，接收的通信信息可人为锁定存储、解锁和删除。存储容量为 20 包数据，锁定存储能力为 10 包数据，每包数据不超过 200 个字节。

用户终端可向中心控制系统查询其他用户发给本用户的通信电文和通信回执。

8.3.3　精密授时功能

终端设有时钟(年-月-日-时-分-秒)，用系统接收信息进行自动校对，不需要依靠其他通信网络自有通信体系的支持就能实现全天候、全时空、全覆盖的通信服务，精度达 20ns。

8.3.4　其他功能

(1)集成了气压计、温度计和电子罗盘。

(2)遥闭功能。终端设备在收到控制中心发出的遥闭指令后，将终端永久关闭。

(3)数据接口功能。用户终端机具备通用数据接口(RS232 串口)，以便于与外部设备进行数据通信。

(4)用户识别功能。终端具有多用户识别功能，采用智能 IC 卡的方式来实现，智能 IC 卡的相关规定和协议参见卫星定位总站的相关技术文档。

8.4　北斗卫星导航系统应用

8.4.1　地球参考框架的维持

地球及其周围环境是一个不稳定的系统，不仅存在非刚性形变，而且存在整体性旋转和平移。为了准确地表达近地空间物体在系统中的位置，人类一直在探索以建立最接近地球真实形状、大小及其运动规律的地球参考系统。目前，国际上最完善的地球参考系统是由国际地球服务局通过建立地面观测站的站坐标、速度场和求解地球定位定向参数所得到的国际地球参考框架 ITRF。

我国于 2008 年 7 月 1 日启用了基于 ITRF97 参考框架基准的 2000 中国大地坐标系(CGCS 2000)，该坐标系代替 1980 西安坐标系和 1954 北京坐标系，成为中国法定坐标系。随着我国独立自主的北斗卫星导航系统的组网完成，利用北斗观测技术建立中国动态的地球参考框架势在必行。

作为顶层框架，ITRF 框架可以提供最精确、可靠的基准定义。我国参考框架建成之后，应定期与 ITRF 联测，以精化我国的地球参考框架。

8.4.2 其他应用

1. 用于各项监测

包括工程测量、大坝监测、边坡监测、桥梁监测、河流、湖泊及水库库容监测、大气及气象监测、海面潮位监测、海面风场监测、积雪监测、公共安全及边防监测、地表植被、作物生长、生态环境、地下水、水质、地质及土壤湿度监测等。

2. 在大众领域中的应用

包括在智能手机、共享单车、乘用车导航、对老人、小孩等特殊人群的关爱、个人旅游和野外探险等中的应用。

3. 在智慧城市中的应用

包括在公交车智能调度、公务车管理、网约车监管、公安应急通信指挥、城市网格化管理等中的应用。

4. 在交通领域中的应用

包括在重点运输车辆过程监控、物流配送车辆监管、船舶监控、航空领域的应用、无人机监管、驾考驾培、自动驾驶等中的应用。

5. 在减灾救灾领域中的应用

包括在民政防灾减灾救灾、海上遇险搜救、消防救援管理等中的应用。

6. 在农牧渔业中的应用

包括在农机作业监管、农机自动驾驶、牧区监管、海洋渔业和监管、智慧乡村建设和管理、美丽乡村建设和管理等中的应用。

8.5 北斗卫星导航技术与智慧水利建设

8.5.1 智慧水利的定义

智慧水利是传统水利行业现代化、信息化发展的新阶段，也是当前水利改革和发展的方向。其定义为：通过与 5G、卫星、遥感、物联网和人工智能等现代前沿科学技术的深度融合，实现对水利数据的采集、储存、传输、分析和管理，同时建立智慧化水利应用管理平台，全方位提升水利综合管理能力和经济效益。智能化改善当前的水环境及水生态现状，有力推动水利行业的现代化和可持续化建设。

智慧水利的发展目标，是通过水利行业的数字化、网络化、智能化，建设智慧水利信息化发展体系，在水利设施的全生命周期内，实现智能化、自动化，最终实现无人化[62-63]。

8.5.2　北斗卫星导航系统在智慧水利中的应用

1. 规划设计

水利工程规划设计阶段，通过多传感器多平台融合、多源组合导航、5G 网络、边缘计算、网络切片等技术系统集成，形成可靠的施工作业车定轨判定方法、车路协同安全监控系统及智能化快速成图软硬件体系等面向应用服务的完整解决方案，实现作业人员、车辆及设备的实时定位导航、监控、指挥以及系统化管理。

2. 建造施工

以移动 5G+北斗的行业服务能力平台为基础，结合姿态传感器、北斗终端机、5G 通信和控制终端、车路协同终端，实现作业车辆的自主感知、自主分析、自主决策。

3. 监管保护

中国水域情况较为复杂，传统水利信息化建设严重不足，偏远区域通信困难，水文信息监测、山洪灾害防治、水利设施建设以及防汛抗旱等方面都对 5G 智慧水利提出迫切需求。在山洪灾害治理方面，可以采用商用卫星定位导航系统，如北斗卫星的短报文技术，该技术也为山洪灾害应急通信提供强有力的支持和保障。在水利设施方面，中国移动的 OnePoint 高精度定位平台能力可在勘察设计、施工建设、运营维护方面提供全周期、全流程的服务。特别是结合 5G 连接优势，围绕水利设施的选址、建设、运营场景，以高精度定位终端和边缘智能网关产品为基石，利用 5G 网络、遥感监测、边缘计算、高精度定位、北斗短报文等差异化服务能力，构建解决方案矩阵，为智慧水利的建设提供支撑。在防汛抗旱指挥方面，基于北斗卫星的定位和通信能力，大大增强了感知、调度能力，结合 GIS 和大数据等实现更加智能的指挥调度。

4. 调度优化

以感知(传感+遥感)、集成、融合、判决来支撑错峰减压和智能调度,满足防洪调度和水资源优化的需求。在大型灌区精细化管理方面,可结合北斗、5G、物联网等多种技术手段,实现对灌区降雨量、储水量以及水质等数据的采集,并通过管理平台对数据的分析实现远程遥控阀门,及时应对各类突发情况,全方位提高灌区管理人员的工作效率,实现"智慧灌区"。以中国移动高精度定位网络为基础,融合 5G、AI、云计算、物联网等前沿技术构建专业系统。架构包括现场层、边缘层以及云计算层,有效减轻了数据上云对网络的依赖,强化了信息安全,减少了冗余数据处理的资源浪费;数据前端处理,提升了应急响应下的预警时延水平。系统深度应用于大坝及库区的安全监测无人值守的环境,大量节省建造资源,为防洪调度和水资源优化部门提供科学高效的数据决策支持,具有显著的经济和社会效益。

8.5.3 智慧水利的建设与应用展望

进入新发展阶段,大力推进智慧水利建设非常必要且迫切。一是贯彻习近平总书记"节水优先、空间均衡、系统治理、两手发力"的治水思路的迫切需要;二是落实国家"十四五"规划纲要的必然要求;三是推动新阶段水利高质量发展的实施路径。[62]

智慧水利是一个极为复杂的巨型系统性工程,智慧水利系统框架如图 8.1 所示。总体方向是以 5G 等新一代通信技术、人工智能、北斗卫星导航系统等高精定位技术、新型传感技术、水利遥感技术、云计算、边缘计算等与传统水利行业进行深度融合。从复杂度和融合方面考虑,尤其要统筹兼顾智慧水利的系统性、阶段性和实效性。

图 8.1 智慧水利应用的系统路径[68]

首先要做好智慧水利的顶层设计，突出系统性、结构性和顶层决定性，形成平战结合的全生命周期智慧水利体系。以标准化推进产业化，推进中台战略，形成数据中台、技术中台和业务中台，为智慧水利巨型系统打造一系列能力预制件。推进虚拟化技术，明确分层解耦的要求，确保各项功能具备分层演进的能力。

以5G网和北斗高精度定位网为依托，结合新型传感技术，优先解决目前水利信息化中感知受限、通信受限、数据孤岛的紧迫性问题。以水利大数据驱动水利智慧化，依托海量、实时的水利大数据的时空相关性，构建数字孪生的水利操作系统，推进人工智能在水利行业的运用。开展跨领域协作，推进智慧水利从内核到外延的深层次发展，实现水利与气象、国土资源等行业的信息共享和协同管理，进一步提升水利行业各系统的安全等级，实现水资源的精细化管理，为目标流域经济和社会发展提供强有力的支撑。

智慧水利发展将通过技术进步来提升水利行业生产力水平，同时不可避免地影响相关行业的生产关系，可考虑以此为契机加快实现水利治理体系现代化。加快上链，以区块链服务网络(blockchain services network，BSN)等为基础，梳理规范水利行业数据链、价值链、决策链；另一方面，要适配云边协同的智慧水利技术结构，在水利部和流域机构层面形成并下发规则，并在地方水利局和各水利设施管理部门加以应用。

第9章　水利现代化建设展望

9.1　问题的提出

当前，就我国国情而言，水资源的保护为头等大事。自古以来，我国水资源短缺的问题就很突出，这是由我国的实际国情决定的[69]。

一是人口大量增加，特别宋代以后，由于基数大，成倍数增长。人口增长要吃饭，不得不开垦荒地，不围湖造田，不引水灌溉，无法维持这么多人的生存。当前我国粮食压力已很大，大力发展农耕业，不可避免。

二是历史上为了抵御游牧民族的入侵，保护农耕地区，不得不大规模开垦原不应该开垦的半干旱、干旱区，造成森林破坏、水土流失、水资源枯竭。这实在是无可奈何的事。但如何兼顾生态环境，则是重要的研究课题。

三是近年来搞经济现代化，实际就是城市化。不断扩大城市，大搞经济基本建设，耗水量必定增加。总之，随着经济发展，大量耗水难以避免。

9.2　水利现代化在国民经济社会发展中的战略地位和作用

9.2.1　水利现代化的战略地位

水利现代化在国民经济发展和社会进步中的战略地位，可以概括为基础性、安全性和舒适性三个方面。

1. 基础性

水是实现经济可持续发展的物质基础。水利作为国民经济的基础设施，已经成为我国经济社会发展的制约因素。水利是农业的命脉，也是各行各业发展的先决条件，关系到国计民生。

2. 安全性

水利工程是我国国民经济和社会发展的重要基础。长期以来，水利工程在防洪、排涝、抗旱及救灾、减灾等方面对国民经济的发展作出了重大的贡献，同时在工业生产、农业灌溉、居民生活、生态环境等生产经营管理中发挥了巨大的作用。

3. 舒适性

水资源不仅是人类赖以生存的物质资源，也是人类维持健康、舒适生活环境的必须物质基础。

因此，在保证生活和生产用水的同时，必须满足生态和环境安全对水的需求，为人类生存创造舒适的生存环境。

9.2.2　水利现代化在国民经济社会发展中的作用

1. 水利现代化建设有力地支撑和保障国民经济可持续发展

中华人民共和国成立以来，党中央、国务院一贯高度重视水利建设，对水利现代化建设作出了一系列重大决策，领导和组织全国人民开展了大规模的水利建设，我国水利现代化建设取得了辉煌的成就。改革开放以来，特别是近 20 年来我国水利建设进入历史上水利建设规模最大、效益最显著、成果最辉煌的时期。

2. 防洪抗旱减灾体系有效地减轻了水旱灾害

我国是一个水旱灾害频繁的国家。中华人民共和国成立后，按照"蓄泄兼筹"和"除害与兴利相结合"的方针，对大江大河进行了大规模的治理，整体防洪能力明显提高。

在抗御干旱缺水灾害方面，水利基础设施为其提供了安全保障条件。由于我国特殊的自然地理条件和大规模的人类活动，导致了我国"水多"的同时，存在严重的"干旱缺水"和"水环境恶化"等问题。但是，水利事业的发展，提高了防洪抗旱的综合能力，促进了农业生产的发展，在改善农村生活条件和生态与环境、繁荣农村经济等方面起到了重要的保障作用。

3. 城市水利发展提高城市的战略地位和工业化水平

我国是发展中国家，又是农民为主体的农业大国，工业发展还处于中、后期阶段，城市化水平还在不断提高。中华人民共和国成立以来，特别是改革开放以来，城市水利发展支撑和保障了我国工业的快速发展和城市化水平的快速提升。

4. 农业水利现代化提升农业综合生产能力

中华人民共和国成立以来，经过几代人的艰苦努力，我国已经初步建成了较为完善的水资源开发利用和粮食生产安全保障体系，从根本上改变了靠天吃饭的局面。特别是近二十几年农业水利现代化的快速发展，为保障我国粮食安全作出巨大贡献。

5. 牧区水利现代化建设和水土保持生态建设改善农牧区生产生活条件和生态环境

中华人民共和国成立以来，随着畜牧业生产水平的不断提高和牧区经济社会的发展，经过几十年的努力，以建设供水井解决牧区人畜饮用水、开发缺水草场和无水草场为重点建成了蓄、引、提水等各类牧区水利工程 42 万多处。有效遏制了草原生态与环境继续恶化趋势，同时促进了牧区的经济发展和提高了牧民的收入水平。

党中央、国务院高度重视水土保持生态建设工作。通过采取一系列措施，修复生态，保护环境。如对水土流失较严重的生态脆弱区实施退耕还林(草)、封山育林、禁牧等措施，每年治理水土流失面积约 5 万 km^2；对塔里木河下游、黑河下游等生态严重退化地区，实施生态调水工程等，使得其日趋恶化的生态环境得到了修复和改善，地下水得到补给和保护，水土保持与生态建设工作已初见成效[65]。

6. 水利改革和水法制与水利管理工作明显加强

1991 年党的十三届八中全会确立水利为国民经济和社会发展的基础产业地位，水利面向全方位为国民经济和社会发展服务。水利改革、水法制及管理工作开始进入一个新的阶段。

9.3　水利现代化的发展方向

水利现代化的发展方向如下：

第一，防洪安全问题得到保障。大江大河大湖大库和城市海岸的防洪能力达到与当地经济发展水平相适应的防洪标准,能够保证国民经济的健康发展。

第二,水污染防治要达到较高水平,能够有效控制和减少水污染,创造与经济发展和人民生活水平提高相适应的水环境。重点解决水源保护、农村的面源污染和城市的点源污染防治等问题。

第三,水资源利用必须是合理的、科学的。要变供水管理为需水管理。今后的水利工作,绝不能仅仅追求供水量的增加,而应该研究从节水上满足社会需求。淡水资源紧缺是世界各国面临的共同问题,节约用水十分重要,应建立全民节水观念。

第四,水资源的配置手段必须是现代化的。供排水要实现自动化,实行全国范围内水资源统筹优化调度配置。

中国的每一个重要流域,都要建立一个防洪调度中心,主要做好防洪工作;每一个地域,尤其是每个重要城市,都要建立供水、排水的自动化调度系统。如"数字黄河、长江流域管理"的建设。

第五,要实行水资源统一管理的水务管理体制。建立从供水、用水、排水,到节约用水、污水处理、污水回收再利用一体化,形成全过程管理的水务管理体制。

第六,大力推进智慧水利建设。2021 年 6 月,在水利部"三对标、一规划"专项行动总结大会上,水利部党组书记、部长李国英提出将智慧水利建设作为推动新阶段水利高质量发展的 6 大实施路径之一以及新阶段水利高质量发展最显著的标志之一。应按照"需求牵引、应用至上、数字赋能、提升能力"的要求,以数字化、网络化、智能化为主线,以数字化场景、智慧化模拟、精准化决策为路径,全面推进算据、算法、算力建设,构建数字孪生流域,加快构建具有预报、预警、预演、预案功能的智慧水利体系①。

---

① 中华人民共和国水利部. 推动新阶段水利高质量发展为全面建设社会主义现代化国家提供水安全保障—在水利部"三对标、一规划"专项行动总结大会上的讲话[R]. 2021. http://mwr.gov.cn/xw/slyw/202108/t20210824_1540429.html.

参 考 文 献

[1]顾浩，矫勇，张国良，等．中国水利现代化研究［M］．北京：中国水利水电出版社，2004．

[2]中华人民共和国住房和城乡建设部，中华人民共和国国家质量监督检查检疫总局．防洪标准：GB 50201—2014［S］．北京：中国计划出版社，2014．

[3]矫勇，张国良．向现代化迈进的中国水利：水利发展第十个五年计划和2010年规划汇编［M］．北京：中国水利水电出版社，2004．

[4]廖鸿，静波，徐娜．中国的洪涝灾害［J］．中国减灾，2004(6)：28-30．

[5]顾浩．灾后重建　整治江湖：江河治理的一场革命［M］．北京：中国水利水电出版社，2000．

[6]王光谦，欧阳琪，张远东，等．世界调水工程［M］．北京：科学出版社，2009．

[7]王浩，秦大庸，汪党献，等．水利与国民经济协调发展研究［M］．北京：中国水利水电出版社，2008．

[8]李红艳．单位工业增加值用水量［J］．数据，2011(11)：96．

[9]肖庸．正在兴建的世界上最高的坝——苏联罗贡坝［J］．水利水电技术，1987(5)：62-64．

[10]蒋超．中国古代水利工程［M］．北京：北京出版社，1994．

[11]张百平，周国宝．给孩子讲中国地理：安逸的天府四川盆地［M］．北京：中国轻工业出版社，2019．

[12]郑家裕．三峡电站累计发电量日前突破5000亿kWh［EB/OL］．（2011-08-17）［2022-02-12］．http：//news.sohu.com/20110817/n316502160.shtml.

[13]孙中山．建国方略[M]．北京：中华书局，2011.

[14]腾讯财经(新华网)．粮食危机最终还是"水危机"[EB/OL]．(2010-09-17)[2022-02-11]．https：//finance.qq.com/a/20100917/003867.htm.

[15]王腊春，史运良，曾春芬，等．水资源学[M]．南京：东南大学出版社，2014.

[16]刘文祥，耿世刚，刘金洁，等．水资源危机：21世纪全球热点资源环境问题[M]．贵阳：贵州科技出版社，2001.

[17]杨立信．国外调水工程[M]．北京：中国水利水电出版社，2003.

[18]杨树清．21世纪中国和世界水危机及对策[M]．天津：天津大学出版社，2004.

[19]乔晓春．从"七普"数据看中国人口发展、变化和现状[J]．人口与发展，2021，27(4)：74-88.

[20]屠志方，李梦先，孙涛．第五次全国荒漠化和沙化监测结果及分析[J]．林业资源管理，2016(1)：1-5，13.

[21]淮河水利网，2021．幸福淮河之淮河入海水道工程[EB/OL]．(2021-12-29)[2022-02-19]．http：//www.hrc.gov.cn/main/zhyw/565201.jhtml.

[22]魏昌林．澳大利亚雪山调水工程[J]．世界农业，2001(11)：29-31.

[23]杨立信．澳大利亚雪山工程上游段建筑物的布置特点[J]．水利发展研究，2002，2(7)：46-48.

[24]赵纯厚，朱振宏，周端庄．世界江河与大坝[M]．北京：中国水利水电出版社，2000.

[25]邵瀚，苟胜国，李扬杰．三维GIS在水利工程规划设计中的应用[J]．水力发电，2018，44(7)：59-63.

[26]周惠成，梁国华，王本德，等．基于网络的水库群防洪调度系统应用研究[J]．大连理工大学学报，2002，42(3)：368-372.

[27]漆瑞丰，周建中，刘懿．基于token令牌的水资源管理决策支持系统网络安全体系研究[J]．水力发电，2021，47(11)：125-130.

[28]刘晓俊．基于GIS的灌区计量与水管理系统研究[J]．水资源开发与管理，2017(5)：66-69.

[29]李锐，仲跃，王璐，等．基于WebGIS的农村水利管理与决策系统综述[J]．自动化与仪表，2004，19(5)：1-4.

[30]李纪人，黄诗峰．"3S"技术水利应用指南[M]．北京：中国水利水电出版社，2003.

[31]李壁成，李晓燕，闫慧敏，等．数字流域的结构与功能研究[J]．水土保持研究，2005，12(3)：101-103.

[32]周晓峰，王志坚．"数字流域"剖析[J]．计算机工程与应用，2003，39(3)：104-106.

[33]胡鹏，黄杏元，华一新．地理信息系统教程[M]．武汉：武汉大学出版社，2002.

[34] 张军海，胡文亮，李仁杰. 地理信息系统基本原理[M]. 西安：西安地图出版社，2002.

[35] 汤国安，刘学军，闾国年，等，地理信息系统教程[M]. 北京：高等教育出版社，2007.

[36] 边馥苓. GIS 地理信息系统原理和方法[M]. 北京：测绘出版社，1996.

[37] 郭达志. 地理信息系统原理与应用[M]. 徐州：中国矿业大学出版社，2002.

[38] 汪飞，洪林，吐尼亚孜·亚森，等. 松花江流域气温时空变化规律[J]. 水土保持研究，2020，27(1)：347-352.

[39] 李会琴. 旅游地理信息系统[M]. 武汉：华中科技大学出版社，2018.

[40] 张卫星. 地理信息系统的理论与实践[M]. 兰州：甘肃文化出版社，2007.

[41] 陈明明，何方，杨媛. 基于 ArcGIS 的矢量数据单元提取栅格值的方法实现[J]. 安徽农学通报，2015，21(Z1)：125-126.

[42] 张瑛. 计算机网络技术与应用[M]. 长春：吉林科学技术出版社，2020.

[43] 刘明德，林杰斌. 地理信息系统 GIS 理论与实务[M]. 北京：清华大学出版社，2006.

[44] 张平波，高承志. PowerCell——一种支持多业务类型的广域网技术[J]. 信息化研究，2009，35(9)：19-21，38.

[45] 张晶，刘瑜，张洁，等. 地理信息系统与科学[M]. 北京：机械工业出版社，2007.

[46] 胡月明，赵小敏，吴启堂. 土地信息系统[M]. 广州：华南理工大学出版社，2001.

[47] 刘明皓. 地理信息系统导论[M]. 重庆：重庆大学出版社，2010.

[48] 李德仁，关泽群. 空间信息系统的集成与实现[M]. 武汉：武汉测绘科技大学出版社，2000.

[49] EKICI E，CHEN C. BGP-S：a protocol for terrestrial and satellite network integration in network layer[J]. Wireless Networks，2004，10(5)：595-605.

[50] 赵洪利. 空间信息传输与仿真技术[M]. 北京：中国宇航出版社，2011.

[51] SOLARI O M，DEMIRCI A，SCHEE J. Geospatial technologies and geography education in a changing world：geospatial practices and lessons learned[M]. Berlin：Springe，2015.

[52] 张婷婷. 遥感技术概论[M]. 郑州：黄河水利出版社，2011.

[53] 童旭东. 扎实推进高分专项实施，助力"一带一路"建设[J]. 卫星应用，2018(8)：13-18.

[54] TIMMERMAN J G. Timmerman and sindre langas. Environmental information in european trans-boundary water management[J]. Water Intelligence Online，2005.

[55] 周训，金晓媚，梁四海，等. 地下水科学专论[M]. 北京：地质出版社，2010.

[56] 刘吉平. 遥感原理及遥感信息分析基础[M]. 武汉：武汉大学出版社，2012.

[57]柏雯娟，林元茂．测量仪器检校与维修[M]．重庆：重庆大学出版社，2016．

[58]王梅，徐洪峰．工程测量技术[M]．北京：冶金工业出版社，2011．

[59]丁至成，王书茂，杨世风．工程测试技术[M]．北京：中国农业出版社，2004．

[60]葛蕾．中国航天日——跨越半个世纪的追"星"之旅[EB/OL]．(2020-04-24)[2022-03-03]．http://guoqing.china.com.cn/2020-04/24/content_75971076.htm．

[61]中国卫星导航定位协会．卫星导航定位与北斗系统应用：北斗耀全球璀璨中国梦[M]．北京：测绘出版社，2015．

[62]蔡阳，成建国，曾焱，等．大力推进智慧水利建设[J]．水利发展研究，2021，21(9)：32-36．

[63]桂鹃鹏，蒋鑫，宋欣，等．5G通信技术在智慧水利中的应用前景分析[J]．人民长江，2021，52(S2)：283-288．

[64]王育民，薛文华，姜念东．中国国情概览[M]．长春：吉林人民出版社，1991．

[65]张岳，任光照，谢新民．水利与国民经济发展[M]．北京：中国水利水电出版社，2006．

[66]樊华，王治国，李小芳，等.我国水土保持近远期目标指标研究[J]．水利规划与设计，2019(9)．

[67]陈天慧.美国水资源的开发利用之主要调水工程概述[J]．企业科技与发展，2018(8)：158-159．

[68]中华人民共和国科学技术部社会发展科技司，中华人民共和国科学技术部中国21世纪议程管理中心．水资源安全保障技术发展战略研究[M]．北京：海洋出版社，2007．

[69]陈少平．洪灾保险的经济学分析与中国洪灾保险模式探讨[D]．南昌：南昌大学，2008．

[70]高晨晨，孙永利，刘钰，等．国际常用污水处理指标及其适用性分析[J]．给水排水，2019，45(11)：38-41．

[71]《中国水旱灾害防御公报》编写组．《中国水旱灾害防御公报2020》概要[J]．中国防汛抗旱，2021，31(11)：26-32．

[72]《中国水旱灾害防御公报》编写组．《中国水旱灾害防御公报2021》概要[J]．中国防汛抗旱，2022，32(9)：38-45．

[73]薛山．浅析我国污水处理行业现状及发展趋势[A]．中国环境科学学会2022年科学技术年会——环境工程技术创新与应用分会场论文集(四)[C]．江西南昌，1037-1040，886．

[74]耿思敏，刘定湘，夏朋．从国内外对比分析看我国用水效率水平[J]．水利发展研究，2022，22(8)：77-82．

［75］杨潇. 浅论水利基础建设投资对经济发展的重要作用［J］. 现代经济信息，2018
（12）：384.

［76］杨文利，王双银. 水利概论［M］. 郑州：黄河水利出版社，2012.

［77］肖东发，衡孝芬. 水利古貌：古代水利工程与遗迹［M］. 北京：现代出版社，2015.

［78］水利部黄河水利委员会. 黄河流域综合规划 2012—2030 年［M］. 郑州：黄河水利出版
社，2013.

［79］观研报告网. 2010—2019 年我国水库数、容量情况（附各省数据）［EB/OL］.（2021-
02-23）［2023-02-23］. https：//data. chinabaogao. com/nengyuan/2021/02235331V2021.
html.

［80］威海水利. 一起来看！改革开放 40 年伟大变革，水利篇！［EB/OL］.（2018-11-20）
［2023-02-23］. https：//www. sohu. com/a/276657645_99926945.

［81］大国三农. 大国农情｜从南粮北运到北粮南运——中国粮食主产区之变［EB/OL］.
（2022-04-02）［2023-03-02］. https：//view. inews. qq. com/k/20220402A04P1500？
web_channel＝wap&openApp＝false.

［82］翁文斌，赵建世. 中国水资源的危机与对策［M］. 石家庄：河北人民出版社，2002.

［83］骆辉煌，禹雪中，刘金鹏，等. 引水调控工程经济效益评估初步框架［J］. 中国水利
水电科学研究院学报，2009，7（1）：28-32.

［84］闫德利. 数字经济的兴起、特征与挑战［J］. 新经济导刊，2019，273（2）：58-65.

［85］景爱军. 信息化技术在经济社会发展中的作用［J］. 现代工业经济和信息化，2022，
12（2）：210-211.

［86］Juan M Jurado, Alfonso Lopez, Luís P adua. Remote sensing image fusion on 3D scenarios：
A review of applications for agriculture and forestry［J］. International Journal of Applied
Earth Observations and Geoinformation，2022，112.

［87］陈永涛. 信息化技术在水利现代化建设中的应用［J］. 工程技术研究，2020，5（17）：
100-101.

［88］皮亦鸣，曹宗杰，闵锐. 卫星导航原理与系统［M］. 成都：电子科技大学出版
社，2011.

［89］郭保. GPS 技术在水库大坝变形监测中的应用［J］. 测绘与空间地理信息，2020，43
（12）：103-106.

［90］李向可. GPS 在河道测量中的应用探讨［J］. 工程建设与设计，2022，483（13）：
264-266.

［91］张菲. GPS 技术在水利工程测量中的应用［J］. 内蒙古水利，2022，237（5）：59-60.

［92］国家能源局. 国家能源局发布 2022 年全国电力工业统计数据［EB/OL］.（2023-01-18）

[2023-05-31].http://www.nea.gov.cn/2023-01/18/c_1310691509.htm? eqid = f51ebf4d00 0982580000000664353364.

[93]罗元华. 奋力续写三峡工程管理"大文章"全力保障"大国重器"运行安全[J]. 中国水 利，2021，916(10)：1-3.